變局

——20 世紀中國影像史

（1900-1909）

師永剛　東亞　何謙　編著

代序

陌生的祖國：一部由影像講述的中國百年史

「往回看，才能明白未來。」

任何歷史都是由後人所記錄與創造的，我們看到的那些歷史以及英雄們的表演，他們在時間中的定位與背影，都帶着後來者的價值觀與需要，「需要」正在成為歷史與時間在書寫中的重要理由與事實。我們無法確認自己所看到的就是那些在時間中曾經存在的，也無法確認我們正在閱讀的就是真實的。我們真的可以相信，那些只由幾個人編撰的歷史就是一部真實的歷史？史家們對於歷史的看法就是歷史本身才應當有的聲音與形象嗎？

曾為中美關係鋪平道路的「中國通」亨利·基辛格（Henry Kissinger）認為，中國過去遭受的不公正對待決定了「中國如何參與世界事務、如何界定在其中所要扮演的角色」。對許多中國未來一代來說，「中國有時候不僅僅是一個值得發現的真相」。

近年間中國注意到西方漢學家們對中國的發現，以及他們對於陌生的中國歷史遠遠地圍觀，這些漢學家的世界觀正在影響着新一代青年對於自己祖國的認知。這些來自不同地點的年輕人自小學開始就在閱讀歷史。雖然他們同在一個國家，卻在一個個久遠的歷史細節中發現不同的視角。

年輕人閱讀西方人發現的中國歷史，而另外一代人，他們的父輩們，對中國有着豐富的了解，並佔據着大量重要資源的一代人，則守候在《百家講壇》或冗長的古裝「宮鬥」劇前，以了解兩千年來的中國宮廷鬥爭以及諸代望臣的命運。這種歷史認知斷層猶如對於「複雜中國」的重新定義，一代人有一代人對於歷史的看法。他們對於歷史的斷代與判別像黃土高原深處那些被埋藏萬年而形成的煤

層或者石油，你不知道它們哪一天會被發現，那裏在一千萬年前是大海，在五百萬年前則成了高原。

歷史是甚麼？

那麼，歷史是甚麼？它們開始成為困擾我的一個巨大難題。它們的背影顯得那樣模糊不清，每個人在時間中的記憶都帶着自己對於時間的看法，而那些時間對於我們則遙遠得如同命運。我們只看到了一個個結果，或者一個個由結果組成的「鐵口直斷」式的表達。這些就是我們要面對的歷史？

從軍 15 年後，2000 年，我離開西北，加入了香港某電視機構，某個特殊的機緣，我看到了宋美齡女士的圖像展。儘管已逾百歲的她當時仍在人世，但那些舊年代的細節，以及她與蔣介石的生活圖像，仍然讓我感到新鮮。我那時候已對文字所描述的世界開始了懷疑，真實的黑白圖像使我堅信，它在某些時間，遠比我所接觸到的教育更為可靠。無論你相信與否，她在美國國會擲地有聲的演講，以及演講時堅定的眼神，都會讓你印象深刻。宋的眼神改變了我的歷史態度，至少改變了我對於一部份用文字記載的歷史的態度。我要找到屬於自己研究歷史或者至少接近真實的舊時間的方式。

我開始有意識地尋找這百年間的圖像以加深我對於這百年來的重要歷史人物與歷史事件的了解。而我了解得越多，越發現歷史是如此的陌生與神秘，在一件基本的常識性的問題上，至少對於我來說，幾乎有兩種或者更多種不同的說法，歷史的寫作方式或者拍攝方式竟然因為國家的不同，或者寫作者身份的不同，會有如此大的差異。

記錄歷史的方式

　　人類一直在探求自己對於歷史與世界的表達與記錄方式，為此他們發明了語言與文字。1838 年，世界上出現了兩種特殊的文字：影像與聲音的記錄。1839年，法國人路易斯‧達蓋爾（Louis Daguerre）發明了攝影，這個世界從此可以在銀鹽紙上展現，塞繆爾‧摩斯（Samuel Morse）隨後則開始首次公開拍發電報。當遙遠的歐洲可以用電報與鐵路拉近時間距離的時候，遙遠的「天朝上國」則正處在一個用山水畫來描述的時代。19 世紀晚期，外國的傳教士隨着洋槍隊與冒險家們，來到中國傳播基督教福音時，他們用手中的攝影機為那個時期的中國留下了另一個「汗國」的影像檔案。西方人從電報與影像中，突然發現了一個陌生的國家：它有着廣袤的領土和漫長的邊疆，它的首都有着宏偉的宮殿和厚重的城牆；男人們頭上梳着奇怪的小辮子，穿着絲織的長袍；女人裹着小腳，走路卻健步如飛；清國的官員瘦小卻狡猾，頭頂着長翎紅頂的帽子；民眾勤勞卻窮苦，不愛講究衛生──這是個貧窮但卻不願意與海外那些尋求財富與瓷器、金銀的商人通商的封閉國家。

　　蘇格蘭攝影家約翰‧湯姆森（John Thomson）是最早來遠東旅行，並用他古舊而時尚的攝影術記錄遠東各地人文風俗和自然景觀的人，這個冒險家曾在1867 年移居香港，開始他攝影生涯中至關重要的幾年。他的紀實主義風格為我們留下了北京的轎夫、孩童，甚至斬首的場景。

　　這段冒險讓他在 1881 年成為維多利亞女王御用攝影師。而這些無關政治的圖片，無意間在百年後成為我們回憶帝國的重要影像。緊隨其後的攝影師們用他們的鏡頭表達了對於中國的政治以及現實的記錄。比如，照片中的清朝官員都是端坐着的，即使合影，也是一群人木訥地看着 1900 年以前的鏡頭。在今天的攝影師們的鏡頭裏，我們還可以發現這些攝影規則：群像、端坐，目視着 2000 年的日本照相機鏡頭。事實上，鏡頭中的中國似乎從來沒有改變過，但確實有些東

西發生了改變。這些一百年間的景物，或者他們隨手拍下來的孤獨的風景，伴隨着相機快門的定格，約翰·湯姆森他們眼中的中國都市與破敗鄉村的狀貌，包括政治、經濟、文化到習俗的諸多信息，便不動聲色地留在了歷史的底片上。

在最近波瀾壯闊的百年間，東西方文明正以另一種語言來重新塑造世界。「19 世紀和 20 世紀早期的中國，也許長期以來都與西方通常敍述中的中國格格不入。」《紐約時報》（*New York Times*）的一篇文章稱，「在中國的『屈辱世紀』裏，最後一個封建王朝的緩慢崩塌顯得十分不可思議，簡直像是一個漫畫家編造出來的：一位志向遠大的文職人員沒有通過科舉考試，變得神志不清，以為自己是耶穌基督的弟弟，任務是把中國從清朝的統治下解救出來，他在 1850 年發起了太平天國運動，兩千萬人死於之後的社會動盪。英、法、德、奧、俄、美、意、日組成的八國聯軍輕鬆打敗了義和團成員以及加入他們的清朝士兵，西方人來中國宣傳基督教的和平和同情精神，他們也在鴉片貿易中輕鬆獲利，並為繼續獲利而發起了一場戰爭。」這場戰爭在侮辱了中國的同時，也促使了亞洲第一個共和國的出現。

百年以來，中國在邁向現代國家的路上披荊斬棘，多所反覆。我們是在向前進，但我們的方向在哪裏？

這是一部怎樣的歷史？

這套書寫的是 1900 年到 2000 年間的劇烈變動的中國。研究 100 年間的中國，不是懷舊，也不是算舊賬，而是想從中找到我們從哪裏來、到哪裏去、為甚麼來這兒的原因。這部普及式的常識讀物將只給大家提供一個可以選擇的向導。它不是司馬遷的《史記》，也不是史景遷（Jonathan Spence）的西洋鏡下的演繹。它在這個被互聯網製造出來的扁平時代，所發揮的作用也許只是給大家科普

一個維基百科式的百年常識或者一個國家的基本面目。

　　「對祖國歷史的領悟和學習，不能孤立與封閉自己，更不能視角單一。不僅要同世界歷史相關聯，更需要借用他國的眼光，來反觀自己的歷史。這樣在辨別那些大是大非或大真大偽的歷史問題時，才能更為客觀，結論也更能經得起時間的推敲。」歷史事件是無法重複的，只有彙集各種視角的資料，只有擁有各種類型的歷史證據，我們才有可能逼近歷史的真實。其實歷史的張力，就存在於這種視角的差異中，我們對這種差異了解得越充份，對自身的把握也就越清晰。

　　為保持這套書的基本真實以及可能的時間長度，也為了防止我自己對於歷史的偏見而影響這套書的「常識」「向導」價值，我們選擇了一個簡單的體例，即它由圖片與外國人以及中國人的發現共同組成：那些曾經被拍攝下來的 1900 年破敗的不收門票的故宮、孫中山先生的背影，或者毛澤東在天安門城樓的目光。我們試圖尋找另類表述，只是想區別於那些因「被需要」而寫成的歷史書。

　　這些歷史，可能只是那些大歷史中的小細節，但這些陌生的小細節構成了百年中國戲劇化的歷史。但百年後回看，它們如同遙遠的蟻群，在緩慢地行走，而我們正在試圖加入這個蟻群中。我們在歷史中是如此弱小，如此模糊不清，而正是這些模糊的背影在構成歷史。

　　中國人的悲喜命運，都在這部書中的影像以及文字中。它們在哪裏，我們的歷史就在哪裏。而這就是我們要撰寫的關於中國的百年變革史的意義。尤其在當下的「複雜中國」，此書猶如一本中國版的《光榮與夢想》（*The Glory and the Dream*），正在述説着我們尚未發現的中國的秘密。

目錄

1

公元**1900**年之前：
想像中的天朝

「穿行在中國迷宮」

1901年刊發於美國《紐約時報》的一幅漫畫，
預示着美國及其盟友在佔領清國後，感受到一
種「東方令人不安的可能性」。漫畫中的山姆
大叔拿着一盞標有「謹慎」的馬燈，身後緊跟
着英國、法國、德國、日本和奧地利，通過一
個名為"Casus Belli"（開戰理由）的陷阱。事
實證明危險是多重的：干預的深入將加劇帝國
主義者之間已經存在的對抗，實際上四年後即
發生了沙俄與日本之間的戰爭；而中國受到的
羞辱正以危險的方式喚醒國家。後一種危險在
1901年變得特別真實。

「這條河流如此之長，穿過了如此多的地區和城市，江中來來往往的船隻如此之多，運送的財富和貨物如此之多，實際上比基督教世界所有河流和海洋加在一起還要多！」

馬可‧波羅（Marco Polo）

　　最早走進中國這片土地的西方人中，馬可‧波羅無疑是影響最大的一位。而當他留下對神奇長江讚歌的同時，西方世界也開啟了對東方的想像與探索之旅。幾個世紀以來，旅行家、傳教士、考古學家、商人、政治家、記者、侵略者們各自懷揣不同的訴求、理由、想像還有目光走進中國，各自書寫，也各自記錄。在馬可‧波羅、利瑪竇（Matteo Ricci）、湯若望（Johann Adam Schall）他們的記載中，中國是恢宏、壯觀、富裕的東方古國。馬可‧波羅眼中的京師城（杭州）簡直是天城，它的莊嚴和秀麗，是世界其他城市都不可比擬的，城內處處景色秀麗，讓人疑為人間天堂。在元大都可以找到世界上所有的奇珍異寶。中國人用一種「黑色的石頭」作燃料，讓人百思不得其解（因為歐洲那時的用煤還很局限）。中國人有美不勝收的瓷器、絲綢、茶葉，也喜歡換取一船船西方人的香料、珠寶。外來人士只要穿上中國士大夫的服裝，就能得到官府、民眾的信任。在利瑪竇繪製的世界地圖上，中國被標在最中央的位置，這樣顯而易見能夠迎合中國人的好感與認同。順治皇帝會對湯若望進呈的渾天星球、望遠鏡等西洋玩意感興趣。湯若望也獲賜二品頂戴，成了近世以來最早在中國宮廷任職的西方人。

　　「中國」被傳遞到西方，被描畫，被口述，毫無疑問都是溢美的辭藻。哥倫布（Christopher Columbus）帶着西班牙女王給中國皇帝的信函出海，在探尋中國的航程中偶然發現了新大陸。1784 年 8 月 28 日，出於對傳說中東方古國的嚮往及通商的需求，商船「中國皇后」號在美國建立之初便來到東方，靠岸廣州。從此，美國媒體上開始複製《馬可‧波羅遊記》（*The Travels of Marco Polo*）式的中國描述：古老、珍奇、神秘、富庶。

在西方人自己的總結中，通過 16、17、18 世紀的西方航海家、旅行家，尤其是傳教士的活動，大量關於中國的故事、見聞和理解傳到了歐洲。這其中，耶穌會傳教士更是在東西方之間架起一座文化交流的橋樑，17 世紀後期，他們是西方了解中國的最高權威。

西方信仰目光裏的中國

於是，傳教士們來了。

他們攜着基督教義興沖沖地來到古國，如明清之際來華的意大利傳教士衛匡國（Martino Martini）所言，在他們剛剛發現「東域」（Cathay）和「中國」（China）是一回事時，受到了東西方信仰巨大差異的衝擊。他的著作《中國新圖志》（*Novus Atlas Sinensis*）裏，留下了關於「天朝上國」（Celestial Empire）的第一次重要描述。

「天朝」在傳教士們的視野裏，有了概念，並且漸次清晰。

耶穌會傳教士從自己的天朝經驗中發現，在中國作謙卑和苦行的表白是毫無意義的。因為在中國人的眼光中，卑賤和寒酸並不意味着品行高潔。傳教士們必須使自己適應中國人的生活習慣，才能在中國生活下去，甚至必須像中國人一樣梳洗打扮自己，不能像其他遠東地區的宗教信徒們一樣死守着他們在歐洲的森嚴教條。

這些渴望在天朝傳遞信仰的西方人，是想給中國人帶來一場思想上的革命。然而，在順從中國習俗的同時，他們恰恰不得不首先學習領會中國的哲學。

利瑪寶的目光代表了他們早期較為單純而直接的觀察：中國哲學家中最為有名的是一位叫做孔子的人。這位博學的偉人誕生於基督紀元前 551 年，享年 70 餘歲，他既以著作和授徒，也以自己的實踐激勵他的同胞追求道德。他的自制力

和有節制的生活方式使他的同胞斷言，他遠比世界各國過去所有被認為是德高望重的人更為神聖。

在中國人對祖先崇拜風俗的巨大壓力下，一些傳教士試圖把儒教與基督教調和起來。一部份西方人主張允許中國的基督徒跪拜祖先，但不同派別的傳教士卻堅決反對。也正是因此，17世紀和18世紀前期，基督徒們對天朝的「禮儀（Chinese Rites）之爭」掀起滔天巨浪。

由傳教士開啟的「天朝」的詮釋與想像之旅，在19世紀進入另一個高潮。這期間，不只是傳教士，記者、政治家、商人，更多的西方人蜂擁而至。他們好奇而來，奔走、發現、記錄、傳達。變的是往來的故事和記述方式，而不變的是論斷，「這始終是一個偉大又高貴的民族；他們古老的倫理思想傳承至今；中國人在文化和考試教育方面值得我們學習；他們的文明比我們的文明更具人性；他們在許多方面都領先於我們……」。

西方依舊對天朝想像不斷。

「在中國，我遇到了許多我認為是正確，而實際恰好相反的事情」

經過17、18世紀傳教士的鋪墊，西方人對天朝的想像變得更加具體。

在倫敦19世紀的《威斯敏斯特評論報》裏，關於中國的描述已經不再是幾個簡單的溢美詞彙了：

> 這是個有着悠久歷史、遼闊疆土、眾多人口的國家。從東到西和由北向南各長1.4萬英里的國土上生活着由一個君主統治的三億多人民。而且據推測，這些居民始終保持着自己獨特的風俗習慣，其延續時間之長，遠

清末北京的城牆

巍峨的城牆與寬闊的護城河，城門外的
駝隊與旅客在休整，準備進城。

北京南城的中軸線

它從正陽門開始，直到南端的永定門為
止，是清國皇帝從紫禁城去天壇祭祀的重
要通道。攝影師在他的記錄中，稱讚了這
條道路的風水，也記錄了讓他感覺非常不
愉快的遍佈坑窪的泥濘大道。橋上零散地
停放着幾輛等客的馬車，馬路中央甚至有
人躺臥和蹲坐。遠處牌樓的後面，是雜亂
的小屋與泥塵遍佈的路面。

遠超過了任何一個有文字記載的民族。

儘管中國人不能被稱為長相漂亮的人種，但他們的表情還算是顯得聰明和令人喜歡的。中國女人的面相和外形與男人特別相似，但面部卻毫無表情。中國女人通常被人說得一無是處。她們寬大的腦門、塌塌的鼻子、細長的眼睛被看成是醜陋的特徵。中國女人的體形比歐洲女人小，但是很勻稱。

人類的歷史進程和中國的發展狀況並沒有呈現出趨同的現象，4,000多年來，中國始終保持着國家的統一和獨立，它的管理理論和基本行政機構從未發生過特別重大的變化。

除此，攝影技術發明前的百餘年間，西方人還會通過繪製版畫，向自己國家的讀者介紹當時依舊很神秘的天朝。版畫同時凝聚現場與想像，記載了對於西方人來說頗為細碎而又陌生的中國。在 1873 年的《倫敦新聞畫報》（*The Illustrated London News*）上，帝京的提籠架鳥就成為令西方人感到新奇的街頭一景。

作為珍貴的史料，這些版畫原始地記錄了西方人對於土生土長的北京老百姓生存狀態的觀察與理解，而有關城牆、城門的圖景，也成為研究老北京歷史和城市格局變化的佐證。然而，並非被記錄的即完全真實的。

神秘有時來自西方式想像的自我虛構。即便當時的西洋畫師隨使團參與正式謁見，也沒有可能現場寫生，很多畫作均為事後默寫。在資料極度缺乏的情況下，某些畫作的信息來源也會包括一些道聽塗說的傳聞。至於大場面，則多為畫師頭腦中各種東方元素的無序糅合，在關於中國都城的描繪中，有時甚至出現作為背景的熱帶植物、古羅馬街市和古埃及神廟的影子。

文學藝術也成為這一場想像之旅中的重要一站。

那時候西方人的中國觀，幾乎都是從文獻資料的積累中得來的，而西方人自己富有想像力的文學藝術作品更是直接塑造了很多人對於「天朝」的第一次想像。荷蘭詩人馮戴爾（Joost van den Vondel）用衛匡國的《韃靼戰紀》（*De*

Bello Tartarica Historia）中的史料寫出一個名為《崇禎》（*Zung Chin*）的劇本。法國作家朱迪待・戈蒂埃（Judith Gautier）出版了一部叫做《龍的帝國》（*Le Dragon Impérial*）的法文小説。在西方人自己的觀察裏，這是第一部以中國為背景，有「似乎真實」的中國情節和中國人物的法文小説 。

在波士頓的報紙上，一個歐洲人寫的在中國的經歷，證明了所有「似乎真實」的情節，是由於西方人的想像方式與講述角度，使得中國故事顯得神奇：

> 當我向艄公詢問我們停泊的渡口在甚麼方向時，我得到的答案是西北，他說風是東南風。「我們歐洲人就不這麼說。」我想他看出了我的驚訝神情，就向我解釋了羅盤針的用法。他說：「這根針指向南方。」在中國，我遇到了許多我認為是正確，而實際恰好相反的事情，我同意一個朋友的看法：中國人除了地理上跟我們相對外，其他許多事情也跟我們倒着來。……這片非常陌生的土地上的一切真讓我頭暈目眩。

中國人會識別和西方人迴異的方向，讓他們頭暈目眩。更重要的是，那時候西方人還不知道，他們想像中的天朝，本來也正向着令人頭暈目眩的方向走去。

有一種傳說，叫中華帝國

儘管傳教士們記述的中國，在對其性格、哲學和文明成果的評價上有時並不準確，略持成見，語帶偏頗，但依然是西方人的中國觀最重要和最豐富的來源之一。

這個帝國在地理上與世隔絕是它能長期存在的重要原因之一，因為它的北面是廣闊的沙漠，西部是崇山峻嶺，南面和東面是波濤洶湧的海洋。它的書面語言的獨特性，是維繫一個國家的重要紐帶，並支持了這個國家的長久統一。因為這

舊金山一對華人母女

照片中一名華人婦女正牽着她的孩子走
過都板街（Grant Avenue）。這裏是北
美洲最古老的唐人街。他們的身後，一
輛老式電車正緩緩駛過。

北京兩位旗人婦女

這兩位女性頭戴傳統旗人扇形冠、腳着清國式高底旗鞋，悠閒地走過鼓樓前。這種牌樓式的髮飾據稱為慈禧太后所發明，以綢緞做成一頂「扇形」冠，戴時套在「兩把頭」髮髻之上，京都俗稱「大拉翅」，是滿族貴婦的髮式。清末，此髮式與高底旗鞋在滿族婦女中頗為流行。

種文字是表意文字，比表音文字更優越，不受發音的變化和方言的影響。一個山東人也許不懂一個廣東人說的話，但他們卻能用相同的文字表達相同的意思。

已經深入「天朝」骨子裏的平靜和安和的觀念與中國作為一個偉大民族的進化思想緊緊地聯繫在一起，緩慢地決定着與世隔絕的中國的命運。自 17 世紀和 18 世紀耶穌會的傳教士們描繪了中國寧靜、安穩，充滿令人愉悅的畫面以來，西方人總把中國看成是世界上最和平安寧的國家。

對於西方人來說，第一次中英戰爭（即「鴉片戰爭」）是中國開始真正轉變的出發點，也是西方人重新審視這個東方大國的起點。由於這場戰爭，西方與中國開始接近。這一時期，在美國和英國的重要期刊上以「中國和中國人」為題的報導竟然有 25 篇之多。更多的西方人，尤其是記者開始面訪這個傳說中的中華帝國。

在寫了名為《中國》（China）的報導集的英國記者喬治‧溫格羅夫‧庫克（George Wingrove Cooke）看來，隨着時間慢慢發展，這片東亞的土地，將向英國數以千計的工業商品打開門戶，並為它自己的國民開闢數以百萬計的勞動力市場。

從這個時候回望，4,000 多年來，中華帝國幾乎一直由自己的君主統治着。居民的服裝、道德、風俗習慣和信仰一直保持着統一性，它的古代立法者們制定的富有智慧的制度從來都沒有太多改變。而從此以後，傳說中的中華帝國要徹底改變了。

1840 年以前，大多數西方人可能還在接收定型的、飽含想像力的觀點，傳教士們誇大了中國的穩固和平靜，他們所描述的那種永恆的平穩在中國從來就沒有存在過，但是全世界卻一直把對中國永恆和平的想像當成不容置疑的真理。顯然，中英之間這一年爆發的衝突使得那些習以為常的認識漸漸瓦解。更多的西方記者宣稱：中國不再是一個不為人知、裹着秘密和神秘外衣的地域。

傳說被打破的同時，中華帝國的變革正式拉開序幕。

李鴻章見識「馬克沁」機槍的威力

1884 年夏，李鴻章在倫敦近郊的比頓夫人莊園與「馬克沁」機槍合影。照片中左一為後來生產改進型「馬克沁」機槍的維克斯公司總裁艾爾伯特·維克斯（Albert Vickers），中間二人為翻譯。李鴻章被這種機槍能半分鐘內打出 300 發子彈的瘋狂速度驚呆，他當即購買了兩挺機槍回國研究。李還給這種機槍取名為「賽電槍」。

晚清一位嫻熟的弓箭手

清末,奉天(今瀋陽)一位滿族士兵在軍事技能比武中,彎弓搭
箭。清軍雖已開始擁有洋槍洋炮與鐵甲艦,但在邊遠之地駐軍,仍
裝備着舊式刀弓等舊兵器。

福州弓箭手的合影

端坐中間的官員邊上有位手持巨型偃月刀的兵士。但據考證，偃月刀因重量關係，不適用於實戰，而主要用於訓練或儀仗。

Ⅲ

1900

交困

1900 年，大龍旗上的光緒皇帝像

1862 年，大清國終於不得不接受西方的規則，來確定一面代表國家形象的國旗。總理衙門曾向慈禧提交了很多備選方案：八卦旗、麒麟旗、虎豹旗，也有一面與李泰國設計相仿的黃龍旗。慈禧認准了「龍」是君主的化身，金黃色又是皇家獨享的顏色，既然「朕即國家」，那麼用黃龍來代表大清最合適不過了。最終清廷決定，所有水師船艦均懸掛三角形黃色龍旗，以黃龍旗作為中國官船旗號。1881 年，洋務大臣李鴻章奏請把三角旗改為縱高三尺、橫寬四尺的長方形旗幟。1888 年 10 月 3 日，慈禧太后批准《北洋海軍章程》，規定大清國國旗為長方形黃龍旗。皇帝的肖像躍上旗幟是一個巨大的變化，在無數西方人看來，那是中國終於邁向文明國家的標誌之一，而對中國百姓而言，則是首次把藏於深宮之中高不可攀的皇帝的形象與旗幟上那個英氣勃勃的男子聯繫起來。

帝國末日：太后最後的木偶戲

19 世紀末，光緒皇帝多數時間被囚在三面環水的湖心孤島上。慈禧太后又重新牢牢地掌握了朝政。早朝的時候，她讓光緒帝像木偶一樣安靜地端坐，自己則坐在一旁發出最高指令。

康有為、梁啟超在民間醞釀多時，費盡心力說服光緒帝推行自上而下的改良運動。但康、梁希望光緒採用君主立憲制度，這直接挑戰了皇族統治，影響了當朝權貴的既得利益。更致命的是，康、梁機械地搬用日本明治維新的做法，希望年輕的光緒帝變成大權在握的「天皇」。

慈禧對此自然警惕，暗中佈局，任命自己的親信榮祿掌管京城駐防，當光緒帝稍有拉攏實權人物袁世凱的動向時，立即收網，將維新黨人剷除殆盡。康、梁亡命日本，戊戌六君子慷慨赴義。

在此之前，由中央權臣撐腰、地方大員加盟的洋務運動更注重於器物更新，仿效西方建設現代軍隊和大機器工廠，雖也步履維艱，但總算蹣跚前行。

洋務運動的領袖人物奕訢，在僅剩最後一口氣的時候，在床前囑託光緒帝不可過份倚重康、梁等維新人士，要盡快消解與慈禧形成的對峙狀態。洋務運動倡導者們在慈禧與光緒爭權的風波中平穩過渡，保存了實力，比如李鴻章，對時局洞若觀火。

洋務運動的地方領袖、權臣曾國藩在 1867 年一個夏夜與幕僚趙烈文聊天，他憂慮於清王朝頹勢幾近定局，恐怕時日不多了。趙烈文安慰他說，皇帝一直很有權威，而且中央政府沒有爛掉，還能維持。不過，今後的大禍就是中央政府先垮，然後地方割據分裂。趙烈文判斷，大概不出 50 年就會發生這種災禍。彼時距離 1911 年清王朝覆滅還有 44 年光景。從偏居於東北一隅的少數民族入主中原而始，清朝已歷 200 多年。

「垂簾聽政」

這是 1902 年 1 月 28 日慈禧和光緒皇帝在紫禁城接見各國使節的場景。可以看到慈禧坐在象徵皇權的寶座上，而光緒皇帝只是屈居下位。許多書籍和電視劇中都描述過光緒皇帝在慈禧太后聽政下的窘況。此圖為西方使節親眼所見，皇帝的窩囊相比史書記載的有過之而無不及。儘管外國使節上前向皇帝行使了謁見禮儀，但是誰手握實權不是一目了然嗎？那時的皇帝在西方人眼中還是比較開明的，是革新派的代表，也正是由於外國使節的壓力，慈禧才有所顧忌，沒有早下手將光緒除掉。面對着這樣一群立馬橫刀的強盜，一個唯唯諾諾的皇帝、一個頤指氣使的專橫老太婆，加上一堆目光短淺的王公大臣，已經立國 259 年的皇朝很快將走向盡頭。

洋務自強趕不上帝國主義時間表

1900 年 1 月 27 日的美國《紐約時報》，集中報導了一次排場大氣的酒會，大清國駐美公使伍廷芳被放在報導的醒目位置。一起參加的還有前美國駐華公使田貝（Charles Denby）、日本駐美公使小村壽太郎，而酒會被報導的內容主要就是這三個人的發言。但耐人尋味的是，伍廷芳的酒會發言被排在了最次要的位置。

酒會上的伍廷芳，身穿傳統東方綢緞衣服，上面繡滿金線和漢字，頗顯高貴，他演講時是這樣說的：「尊敬的會議主席和各位先生，感謝你們提及我的國家，和你們熱忱的態度。但請允許我表達一下我的困惑，為甚麼我的發言被放在最後，成為第三位發言者呢？……我在讀菜單時找到了答案。就像上菜，第一道是牡蠣，第二道是湯，第三道是配菜。於是我今天的演講也就是各位的配菜……」

伍廷芳引用了英語中的諺語：大山從不向穆罕默德移來，穆罕默德只好向大山走去。他意在告誡在場的西方政治家與商人們，大清國就如一座山，不會自動向穆罕默德移過來，而他們應該向大山走去。如果不去，其他人也會去的。伍廷芳倡導中美友誼時，用手指着清國國旗，飽含深情地稱此時的自己就像身在東方一樣。

此時的清王朝，像伍廷芳這樣頗有世界視野與外交經驗的臣民正在多起來，尤其是通商口岸這類地方出現了不少外事專家。他們與之前的官吏們相比，更有機會目睹世界大局勢。

解密大清國顯然成了國際輿論的焦點。《紐約時報》觀察到，大清國的種種危機都在華而不實的社會與政府體制裏醞釀。前來觀察的西方記者們發現，大清國統治階級的無能正催生着一場激烈的變革。

19 世紀 60 年代，在清朝的疆域之外，在工業革命轟隆隆的時代車輪上，

1900 年，上海的一家現代化的絲綢工廠

商人海沃德建造並從英國引進了先進的紡織技術，他的工廠僱用了數百名熟練工人，大多是孩童。這個站立的男子是絲綢工廠的管理者。這些絲綢主要出口到倫敦。

中國外銷茶

這是 1900 年左右一個外銷茶葉的外包裝箱，上面寫有「錦春」兩個漢字。清國對於美利堅合眾國的茶葉貿易在這一時期達到頂峰，在《紐約時報》上甚至有聲音開始探討貿易逆差的問題。

象牙扇骨水粉畫的摺扇

扇面上畫着的是著名的廣州十三行，商行門外的旗幟由左至右依次為丹麥、西班牙、法國、美國、瑞典、英國及荷蘭。這把扇子將作為工藝品被銷往美國。

李鴻章與港督卜力

1900年7月，直隸總督李鴻章奉令出席廣九鐵路的洽商儀式，圖為其與港督卜力（Henry Blake）及隨從的合影。清末，英國殖民者規劃了一條從九龍登上火車，經過大埔、沙田，越過羅湖橋，從深圳進入廣州內地的廣九鐵路的藍圖。1898年，李鴻章在威逼下屈辱簽訂《展拓香港界址專條》，其中赫然出現「將來中國建造鐵路至九龍英國管轄之界，臨時商辦」之字眼。專條簽署不足十日，英國即拿出廣九鐵路的合同，強迫鐵路大臣盛宣懷簽訂了草約。

西方國家到處都是鋼鐵齒輪裝備的工廠，它們凝結為不可抗拒的商品經濟的巨浪席捲世界。美國內戰的結束、日本的明治維新、法蘭西第三共和國的興起以及意大利和德國的統一，使得新帝國對外活動的能力得到解放，它們將和曾一度號稱「日不落帝國」的英國一樣，積極為自己國土上的工廠尋找市場和原料產地，它們都盯上了中國。

清王朝洋務派的自強運動沒趕上帝國主義的時間表，雖有中英戰爭後的被迫開放，在曾國藩、左宗棠、李鴻章等重臣主導下有過短暫的中興，但在甲午之戰的炮聲中，仍可見出清王朝的不堪一擊。

犧牲品：身掛符咒的義和團士兵

戊戌變法後，守舊人士聚攏在慈禧太后身邊，意圖依靠民間發起的「義和團」力量，肅清來自夷邦的人與物，誅殺光緒帝，進而清洗朝廷中的開明官僚。

義和團初為鄉間自發結社的小團體，以「練拳」為名，仿照民間白蓮教搞起秘密宗教崇拜，致使很多義和團團員堅信自己刀槍不入，信奉的神靈五花八門，包括關雲長、孫悟空和姜子牙，不管是哪路神仙，只要在首領的帶領下，喝符唸咒，保管神靈庇護，法力無邊。

這個民間組織的基本氣質，用我們現在的眼光來判斷，就是一群目不識丁的遊民，生活很窮困，聚在一起，練武、打架、相信神靈護體就可刀槍不入。

這個民間組織，是怎麼發展成為義和團運動的呢？其背景十分複雜，雷頤在《百年義和團》中論及，最根本、最直接的原因是「反洋教」。洋教是指西方傳來的基督教。傳教士來到了中國，與當地農民屢屢發生各種衝突。外國傳教士在中國民間，其實也是遵紀守法的，但遇到甚麼糾紛，總歸是要偏袒自己的教徒。

而所收的中國教徒，良莠不齊，很多人只是因為傳教士給錢，就選擇了入教。中國傳統的佛教廟堂，基督徒就不會進去拜，這也讓鄉里鄰居側目。連祠堂這樣的地方，傳教士也不許中國教徒進去。如果一家人有的信教，有的不信教，教徒不能進祠堂拜祖宗，就製造了很多家庭矛盾，吵來吵去，還是洋人的錯。

當時又正在社會震盪期，中國與外國人打架，打輸了，又割地又賠款。在鄉間，在識字率只有5%的民眾心目中，外國人已經被妖魔化了。有謠言將外國傳教士等同於煉仙丹的道士，說傳教士挖人心、吃嬰兒腦髓。這種荒誕的謠言，在有着傳統迷信的中國農村傳得很快，很多人都深信不疑，再加上當時困苦生活的壓迫，就使得一股子怨氣全撒在洋人身上。

這股憤怒有由頭，卻沒有道理、沒有理智，不求一個解決的方案，只求一個發洩的對象。這種性質的憤怒，很容易擴大，並波及更

一位義和團士兵

他的頭巾上繡着「佛」字，身前掛着一個銘牌。在義和團的神的意義裏，他被加持了某種神秘的力量，可以刀槍不入。

多人。任何和洋人有關的事物，比如教堂、鐵路等，也成為了義和團的破壞對象。

當時山東兩任巡撫，李秉衡、毓賢，對義和團這種滋事尋釁的做法都是聽之任之，甚至給予表彰，稱為「義民」——只因為他們打架的對象都是洋人。於是義和團乾脆打出了「扶清滅洋」的口號，在山東變本加厲起來。

1899 年，袁世凱任山東巡撫，他對義和團的定義就是「亂民」，絲毫不客氣地用朝廷軍隊來剿殺之。義和團在山東沒法待了，就紛紛跑到河北。山東巡撫大力剿殺義和團，直隸總督卻熱情擁抱義和團。大清朝廷內部對義和團，也大致是這兩種態度。以毓賢為首的官員，將義和團推薦給慈禧太后。

義和團反對外國勢力，慈禧認為可以拿來一用。除了急於掌握全部決策權的慈禧，還有一批非常頑固的朝廷文官也持這種立場，這些人認為，只要把洋人給趕走了，自己的問題就解決了。這樣，以義和團為契機，中國所有的頑固派人士都聯合起來，一同抗外。

1900 年 5 月中旬以後，清帝國當政權臣端郡王載漪、剛毅招引義和團入京，頓時京城失序，使館、教堂燒殺事件不斷，義和團直接在北京大街上行殺人之事，甚至出現因為一盒火柴就將一家八口誅殺的極端行為，更不用說洋人、開明官紳、維新黨人了，遇之即殺。

義和團成為朝廷頑固派的工具，朝着更為極端、非理性的方向發展。6 月 11日，日本使館書記官杉山彬被義和團殺害。6 月 19 日，總理衙門（即清政府的外交部）請各國公使於 24 小時內離開北京。6 月 20 日，德國公使克林德（Clemens von Ketteler）仍想與清政府交涉，在前往總理衙門途中被義和團殺害。

慈禧知道義和團已經出問題了，不可能依靠他們來做事。但一次難辨真假的「外交照會」事件，讓她一怒之下，在 1900 年 6 月 21 日，向一切「遠人」和「彼等」宣戰。

偽裝成義和團團員的甘軍士兵

甘肅提督董福祥將軍率領他的甘肅穆斯林部隊，在義和團運動期間抗擊
八國聯軍。他的部屬殺死了日本使館書記官杉山彬。6月20日，董部圍
攻並用土炮轟擊東交民巷的使館區。這個英勇的將軍後來還與八國軍隊
在城區進行了戰鬥，並保護慈禧退居西安。他後來被列國指控為首兇，
但在皇太后的保護下，只是被革職。

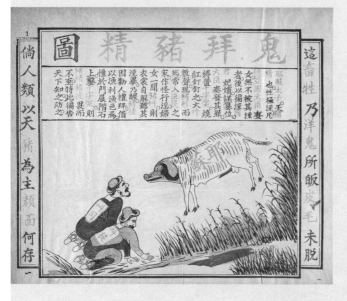

反基督教的宣傳畫

這幅標題為「鬼拜豬精圖」的宣傳畫，將基督教徒描繪成了「外國人中的惡魔崇拜」。這些民間的鄉紳故意將「主」讀作同音字「豬」，將基督教詆毀為豬崇拜。這幅畫不僅提供了反對基督教教義的理性論據，並通過將外國人描繪為具有危險超自然力量的動物和惡魔而加強了情感譴責。這些反基督宣傳畫長期流傳在中國鄉間，體現了清國民間與基督教徒間的衝突。

被燒毀的天主教堂

1900 年 6 月 13 日，北京王府井天主堂被義和團燒毀，在堂內避難的一批教民被燒死。1904 年，這座聖約瑟教堂由法國人和愛爾蘭人用庚子賠款進行了重建，並完全恢復了之前的形制與規模。

一份假情報引發清廷向世界宣戰

1900 年 6 月 21 日發佈的對外宣戰諭旨，由於沒有點名哪個國家，等於向諸列強宣戰，這不僅是清王朝的「破天荒」，也是中國歷代王朝所不曾有的。執政 40 餘年的慈禧太后之所以一改主和避戰的態度，與外國勢力決裂，乃是新仇舊恨一塊兒算的結果。在戊戌變法中，慈禧有心廢掉光緒帝，讓李鴻章私下打聽列強的意見，但列強均不支持。慈禧從此種下對列強的舊恨。

新仇則是跟一封假情報有關，此為端郡王載漪所「導演」。慈禧太后想廢光緒帝，打算再立載漪之子為新皇帝，雖然沒有執行下去，但也顯然讓載漪動了心思。載漪還帶領着義和團包圍了光緒的住所，要刺殺光緒帝。慈禧親自出面，這事才算平息。這時候慈禧已經有解散義和團的想法了。

載漪為促慈禧太后宣戰，私下命令連文沖偽造了一份要慈禧太后歸政的「外交團照會」，讓怡親王溥靜派江蘇糧道羅嘉傑之子於午夜呈交榮祿，再進呈慈禧太后。慈禧看後勃然大怒，遂聲淚俱下又激情澎湃地對眾大臣作了戰爭動員令，當場宣佈如再有人言和即刻斬首。

義和團在北京城領到了朝廷發的大米和軍

清國最後的狀元張謇

在太后向八國宣戰之後，二品官員盛宣懷審時度勢提「東南互保」案，於南通開辦紗廠的「狀元企業家」張謇得聞此議，說服江浙總督劉坤一「提着腦袋參與互保」，清國官場為之震動。張謇以狀元身份創辦了清末民初一系列的現代化紡織企業。諷刺的是，他賴以傳世的卻是他創辦的各種大學。1902 年，張謇創辦了清國第一所師範學校。三年後，張謇又參與創辦了復旦公學，包括現在的上海海洋大學。到 1922 年張謇 70 歲生日時，大生集團資本已達 900 萬兩，有紗錠 15.5 萬枚，佔全國總量一半以上。其創辦的學校也達 370 所。是年，張謇被北京、上海報紙選為民眾「最敬仰之人物」。四年後，74 歲的張謇病逝在南通。其產業盡數衰微，而學校仍屹立。胡適先生悼詞中稱其為「一個很偉大的失敗的英雄」。

劉坤一南京會見西摩爾

1900年，兩江總督兼南洋大臣劉坤一與來訪的英國海軍陸戰隊海軍上將西摩爾（Edward Seymour，前左二）在南京進行了會晤。西摩爾於1898年2月18日成為英國駐華艦隊司令。1900年，他帶領八國組成的盟軍從大沽口登陸，但在廊坊遭遇失敗，西摩爾遂隻身南下會見劉坤一。劉坤一在1898年戊戌政變後強烈反對慈禧太后罷黜天子光緒帝，在1900年義和團亂時主張嚴厲鎮壓，並倡導組織了「東南互保」，保障了東南各行省免受拳亂之禍。顯然，他的行為受到了盟軍的認可。他與西摩爾爵士的會晤被英國媒體進行了報導，並被描述為友好的清國重臣。

械，開始圍攻各國使館區。榮祿（當時慈禧親信中，只有其一人堅持認為義和團不可用）害怕局面難以收拾，暗中指示炮口故意不瞄準，使館區「久攻不下」，榮祿又暗中派人給使館送瓜果以示慰問。

自宣戰之後，地方各路大員如兩江總督劉坤一、湖廣總督張之洞沒有急於迎合朝廷共同對外殺敵的號召，而是互相聯絡，和列強商議中立以求自保，史稱「東南互保」。史學界承認了「東南互保」的積極意義——避免八國聯軍將戰禍蔓延到全中國。

坐在紫禁城裏的慈禧被頑固派大臣環繞，每天聽到的都是清兵大勝的好消息，哪知道八國聯軍已經快到宮門口了。八國聯軍從天津大沽口登陸，一路向北京城進發。隊伍一開始磨磨蹭蹭，內部又互相猜忌，後援部隊遲遲未到。到 8 月初，最終匯成的八國聯軍有 8,000 名日本人、4,800 名俄國人、3,000 名英國人、2,100 名美國人、800 名法國人、58 名奧地利人和 53 名意大利人。

英國公使館

英國公使館坐落在東交民巷，它原是醇親王奕譞的府邸。咸豐十年（1860）英法聯軍攻入北京，這位親王的府邸被英國人搶佔，修繕後作為英國在清國的第一個公使館。英國人將這座中式四合院改建成一座外中內洋的建築，僅保留了醇王府的儀門、正殿、翼樓、後寢及配殿。它後來遭到了義和團的重點攻擊。

「拳擊手比爾」老式炮管

1900 年 6 月，義和團將東交民巷的英國公使館圍
得水泄不通。英國公使館裏僅有一門叫「拳擊手
比爾」的老式炮管，使館裏的志願者們機智地將
這門舊的炮管裝在一套屬意大利的殘缺的火炮輪
架上，組裝成了一門所謂的「國際炮」，轟擊義
和團團員。圍困英使館的義和團團員在長達數月
的時間裏，從牆外用岩石而非炮彈，擊傷了許多
人，而清軍則為他們拋過來賴以為生的食物。這
場奇怪的圍困戰為何打成這樣，至今成謎。只有
這門炮，現存於美國海軍陸戰隊博物館。

法國雜誌的封面插圖

1900 年 6 月 17 日,在一本法國雜誌的封面插圖中,義和團摧毀了象徵西方外來勢力的鐵軌。在民間,鐵軌與火車被描述成了碾壓帝國龍脈風水的罪魁禍首。在這年,乾旱襲擊山東時,絕望而飢餓的農民迫切尋找替罪羊。他們攻擊了一切仰賴傳教士保護的外來事物,這些攻擊蔓延到對鐵路軌道和電報線的破壞。

《冰球》雜誌封面插圖

在 1900 年 10 月的《冰球》(Puck) 雜誌封面上,美國人再次表明了對於中國這個龐大的「野蠻力量」的厭惡以及對自由貿易退步的擔憂。那個天使象徵着天選之子的美國,她準備用剪刀剪去象徵着滿人傳統的長辮。文明寫在天使的斗篷上,長袍上畫了一列火車和電報。而那個衰老的中國,用一把拒絕文明的遮陽傘遮住自己。這個封面圖畫的真實意圖是擔憂義和團的仇外暴力將壓倒無能的中國統治者,使國家陷入混亂,阻礙全球貿易並損害美國的國家利益。但這幅剪去辮子的漫畫,卻在十幾年後,啟發了中國革命者對於推行民主的認知。

德國明信片

明信片中一個身着滿人服裝的小孩，在德意志的旗幟下站直敬禮。

德國兵和清國官僚互相敬煙

這張印製於清國義和團起義前夕的明信片，仍然傳達了清國與德國居民的友好甚至親密的形象——一個德國水兵與滿族官員在微笑着抽雪茄。這種友好其實只是德國佔領者虛構出來的幻象。德國傳教士在19世紀90年代開始，在政府保護下滲透進入山東省。當1897年兩名德國傳教士被殺時，德國人終於找到了藉口，迫不及待地強佔了膠州灣，強迫中國政府准其租借99年。膠州一下子成為了德國民眾熱門的旅遊勝地，而寄回一張印有清國官員或孩童的明信片，則成為某種炫耀的資本。

八國聯軍中的日本部隊

1900年8月4日，兩萬多日軍登陸天津，並向北京開進。日本是聯軍中派出部隊第二多的國家，這個東亞近鄰將進攻清國作為扭轉國運的起點。自甲午戰勝之後，日本人的野心開始急劇膨脹。

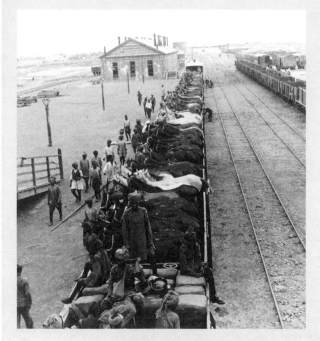

英屬第一孟加拉騎兵團及馬匹抵達天津火車站

他們將在這裏向清國的首都發起進攻。英軍共派出四個印度兵團，這些印度僱傭軍士兵曾在對清國的戰爭中三戰三捷。

日軍在攻陷天津水師營炮台

在天津的記者發往英國的電文中稱：潰逃的清軍竟沒有打開封存在軍火庫裏的克虜伯山炮，100多萬公斤糧食以及最新進口的各種槍支彈藥完好無損地堆在倉庫中。一個不解之謎是，清軍竟放着這樣精良的武器不用，而只使用古老的大刀和木棍與聯軍作戰。

聯軍在運送武器輜重

聯軍正在將山炮裝載到開往北京的火車上，圍觀的清國民眾對於聯軍的行動充滿好奇，似乎在觀看與他們無關的事件，其中一位老者還提着鳥籠，像是剛散步到此。《泰晤士報》（*The Times*）的記者在發往倫敦的電文中認為，清國國民似乎沒有國家概念，他們對於聯軍將要攻擊他們的皇太后與皇帝一事並不關心。這些長辮子的民眾甚至會幫忙帶路，或者提供食物，這讓聯軍十分驚訝。

天津定南門前的清軍陣地

大沽口炮台失守後，俄羅斯軍隊從塘沽火車站向天津進攻，日本軍隊從海河向天津進攻。天津之戰從 1900 年 6 月 14 日開始到 7 月 14 日結束，歷時一個月，中經大沽口炮台之戰、老龍頭火車站爭奪戰、紫竹林租界攻堅戰和八里台保衛戰，這座北京的衛城最終被聯軍攻破。

傷痕纍纍的天津定南門城牆

英國的僱傭軍「華勇團」、「印度旅」配屬的四英寸艦炮，對着這座從 1493 年開始建成的明代城牆進行了猛烈的轟擊，定南門城樓在 1900 年 6 月 14 日被攻陷。1901 年，由八國聯軍組成的天津都統衙門下令拆除城牆，改築環行馬路，牆基殘存在地面以下，天津成了不設防的城市。自此，從明代以來就建立起來的天津城垣不復存在。

聯軍攻佔大沽口炮台

這是刊發在英國媒體上的一張關於聯軍
攻佔天津大沽口的宣傳畫。聯軍與他們
的炮艦以及所謂的勇敢都集中在這幅誇
張的畫面上了。而清軍的抵抗則只在畫
面上有點滴的呈現。

With Admiral Seymour's Relief Expedition.
Handy Men building a Bridge near Yangtsun.
By permission of Black & White.

聯軍搶修鐵路

西摩爾的聯軍遭到義和團的英勇阻攔，先後在廊坊車站、楊村等地被攻擊。幾次努力均告失敗後，聯軍傷亡很大，緊急修復的鐵道也旋即被再次破壞，聯軍只能放棄鐵道，退回楊村，改由運河北上。這張照片記錄了聯軍統帥西摩爾將軍指揮工程師與僱用的農民，修建被義和團破壞的鐵路橋樑，打通通往北京的道路的努力，它曾被製成香煙卡片，成為歐洲流行的收藏品。

英國軍隊運輸艦炮

1900 年 6 月，一隊英國海軍陸戰隊的隊員和志願兵正在運輸四英寸的艦炮，準備對在天津的義和團進行攻擊。旁邊站着的是從煙台出發的僱傭軍「華勇團」的中國士兵，他們將參與對自己祖國的戰爭。這些士兵們神情輕鬆，似乎在進行一場簡單的遊戲。有一位紳士騎着自行車，來到炮兵陣地前觀看。

天津老龍頭火車站慘景

據稱防守車站的是紅燈照的女士兵，她
們手中的紅燈以及落後的大刀，都在聯
軍的槍炮下，完全失去了抵抗能力。英
國的《泰晤士報》稱，這是戰爭史上唯
一一支被步槍與四英寸艦炮轟炸而絲毫
不懼的女兵團隊。

日本兵處決義和團團員

1900 年，天津郊外，一名義和團男子即
將被一名手持利刀的日本士兵處決。前
方的土坑就是他的墳墓，幾名日軍站成
一排在近處監斬，遠處的山包上是正在
圍觀的同胞。據稱這名義和團團員殺死
了兩名攻擊天津的日軍。

八國聯軍從下水道衝進了北京城

1900 年 7 月，之前只是擔任美國《世紀》（*Century*）、《哈珀斯週刊》（*Harper's Weekly*）等雜誌撰稿員的美國《萊斯利週刊》（*Leslie's Weekly*）隨軍記者西德尼來到中國，第一次投入戰鬥。8 月 13 日凌晨 3 時，他被將軍輕聲喚醒。

沒有吹軍號。除了低語聲和移動的腳步聲外，只有美國第九步兵團靜靜吃着早飯的聲音。月光下，兩個營站好了隊。沒等幾分鐘就看到日本騎兵排好縱隊走過，然後是只有 40 人的奧地利水兵，再後是更多的日軍。第九步兵團跟在英國海軍旅後面，只聽到子彈尖銳的嘶嘶聲像手錶的嘀嗒聲一樣有規律。

然後一股巨大的煙柱伴隨着巨響升騰起來——城外平原上的中國彈藥庫爆炸了。炮彈在頭頂像撕開布匹一般撕裂空氣，在一股股血淋淋地退下來的傷殘士兵身上，可以看到褐紅色的裹傷布、撕裂的肉和貪婪的蒼蠅。

戴厚頭巾的高個子穆斯林和錫克人的頭高聳在矮小的日本人中間。一大群穿藍色襯衣的美國兵和穿卡其布裝的威爾士火槍手來來往往，英國海軍候補生則騎着中國矮馬四處走着……一英里外的城牆上，成群的中國人在他們高大的城牆壁壘上飽含蔑視地向世界列強開炮射擊，因為在另一邊俄軍和德軍正對他們發動進攻。

1900 年 8 月 15 日，北京陷落。慈禧太后攜光緒皇帝逃出北京。

當日傍晚，槍聲停止了，萬籟俱寂，俄國《新邊疆報》記者揚契維茨基（Dmitry Yanchevetsky）重新登上城牆，看到這個古都的上空，到處紛飛着令人生畏的彈藥：燃燒的鉛彈、鋼鑄的榴彈，還有中國人用生鐵製成的古老的炮彈。

法國《費加羅報》（*Le Figaro*）記者羅迪同樣在這個時候走進北京城，瞧見的是：幾個衣衫襤褸的乞丐，戰慄在藍色破衣下；幾條瘦狗，食着死屍……被炮彈、機關槍光臨過的北京，留下的僅有頹垣敗瓦而已……一切皆坍塌了，但歐洲人的國旗飄揚在中國城牆上。往昔莊嚴肅穆的天壇，任由馬隊馳騁。英國人帶來攻打中國的上萬名印度兵，就在這裏紮營，草地上全是馬糞。一個大理石香爐，以前是中國人祭神燒香用的，這時候被英國人拿來殺瘟牛。燒殺搶掠，成了這些侵略者的狂歡。

在另外一個攝影師的鏡頭下，大批的聯軍從古老的明代城牆的下水道裏進入了北京城。當然，在大清國的記述裏，這些是護城河的河溝，現在河裏的水乾涸了。奇怪的是，護城河的兩邊站着看熱鬧的北京人，他們木訥的臉上有着怪異的表情。

記者賈伯·懷汀直接記錄外國人在北京的搶劫。但是這一行為不僅限於某一團體或是某一國籍，甚至不局限於男人們。他無法忘記 1900 年 10 月到 11 月間，從保定府再到天津的途中，那些中國人受着折磨慢慢死去的痛苦場面，燒着的人肉味、垂死者駭人的驚叫和那些受難者臉上的表情。

隨軍記者並不是少數。記者胸前佩戴着的勳章，不是為了表彰其新聞報導的翔實，而是因為在戰鬥中受過傷。在賈伯·懷汀看來，這期間天津成了最具世界性的城市。記者坐在飯店的陽台注視着過路人，「英國人、法國人、德國人、意大利人、奧地利人、美國人、俄國人、朝鮮人和日本人、來自印度六個不同邦的人，全都來來往往」。

一個腿部被子彈擊穿的愛爾蘭人躺着，一邊吃午飯，一邊對倫敦《威斯敏斯特評論報》記者狂妄地說：「當然，我從來沒想到過用中國皇帝的盤子吃飯並睡在他的床上，老天爺，這才是我的家。」

英國軍隊首先攻入北京城

1900 年 8 月 14 日，英國僱傭軍「印度旅」在北京民眾的「指點」下，從距英國公使館附近 500 米的北京城牆下的洩洪閘（下水道）首先攻入北京。

北京城內聯合軍皇城內の敵兵擊退心圖　清國戰亂畫報其廿壹

THE FALL OF THE PEKIN CASTLE THE HOSTILE ARMY BEING BEATEN AWAY FROM THE IMPERIAL CASTLE BY THE ALLIED ARMIES.

進攻皇城的浮世繪

這幅圖畫出自「清國戰亂畫報」系列浮
世繪中的一幅，標題為：《聯合軍皇
城內的敵兵擊退圖》。真正的紫禁城之
戰遠沒有畫上的激烈，太后、皇帝出逃
後，紫禁城只是一座空城。日軍自發動
甲午戰爭開始，就十分注重宣傳其對外
作戰中的偉績，並建立了一套完整高效
的宣傳系統，這在隨後的日俄戰爭中更
為顯著。

俄軍用馬車運送軍用物資

八國聯軍中，德俄兩軍普遍被認為是野蠻兇悍的部隊，軍紀較差。德軍被冠以綽號「匈奴」，俄軍則被稱為「毛子」。他們所到之處，奉行殺光燒光的政策。當時的記者寫到，俄軍所過之處片瓦無存，慘象驚天。

天津至北京段的大運河

八國聯軍中的美軍部隊徵用清國商人的帆船運載戰備物資。

紫禁城前的日本旗

1900 年 8 月，一面日軍的太陽旗插在紫禁城前破敗的木柵欄前，日軍搶先進駐了這座皇帝的宮殿。

北海西天梵境（大西天）北端琉璃閣及重簷六角十佛塔亭

1901 年，佔領者正在公開地摳除上面的珍貴佛像。八國聯軍攻佔北京時，對北海有過較大的破壞，兩年後才進行了重建。

聯軍佔領北京外城

1900 年 10 月，聯軍在永定門城南偏西外城南垣扒開豁口，於護城河
上架起臨時鐵路橋。火車自此開進了清國的首都。聯軍把穿越城牆
的車站，設在了清國皇家的祭壇——天壇附近。他們炸開了天壇西
側圍牆，建造了北京車站。1903 年，東交民巷的外交官們，要求在
正陽門甕城東側建立新的北京火車站。史稱「京奉鐵路正陽門車站
東站」，並先後易名前門站、北平東站、北京站。

聯軍在紫禁城舉行閱兵式

1900 年 8 月 28 日，聯軍在天安門廣場金水橋前集結，在德國元帥
瓦德西（Alfred von Waldersee）的主持下，八國士兵列隊依次由大
清門進入紫禁城，穿過皇宮，出神武門。共有俄軍、日軍、英軍、
美軍、法軍、德軍、意軍、奧軍等共 3,170 人，俄國軍樂隊吹奏各國
國歌、樂曲。閱兵之後，各國軍官重回皇宮，以「參觀」為名公然
瘋狂搶劫，一個英國侵略者事後回憶說：「一大群聯軍軍官見到這
些東西伸手就拿，把他們想要的東西裝入口袋。」

被征服的天朝到處懸掛着投降旗

　　俄國記者揚契維茨基記錄，街道是狹窄的、骯髒的，穿過中國人的住宅區，到處都有中國人恭敬地舉着白旗，彎腰行禮。在他看來，上一次中日戰爭引起的恐懼是不可磨滅的，因此中國居民樓四處懸掛的旗子中，大多是日本太陽旗和寫着「大日本順民」的旗子。

　　到處都是旗子，軍隊的駐地、領事館、醫院、小舖子、飯店乃至飲酒舖子的上空都紛紛飄揚着旗子。各國的旗子不僅告訴任何一個外國人，他可以在何處找到他的同胞或者盟友，而且，「旗子還意味着它會掩護和保護任何一個懸掛它的人。旗幟是如此地神聖不可侵犯，受其庇護的人因而也是神聖不可侵犯的」。同時，旗子還指明持有旗子的人歸屬於聯軍的哪一國家的軍隊，那是因為如今只有軍人才是天津的主人。

　　然而，只要是各色旗子下的軍人，不分種族國籍，他們唯一要做的就是「征服」。

　　聯軍不只是搶劫城市。在他們看來，中國人就是蠻子和苦力，對待他們就像對待奴隸一樣。為了抓中國人來幹粗活、重活，聯軍還組織了一些跨國的狩獵隊，專門抓這些穿着藍布褂的中國人，逃跑或反抗的統統用棍子打。

　　在天津的聯軍開了兩次會議討論成立天津民政機構。直隸部隊的司令官俄國斯捷謝利將軍、英國多沃德將軍、法國德佩拉科上校、美國米德上校、德國奧澤多恩大尉，還有奧地利和意大利的中尉，聚在一起商討在天津如何切割利益。

　　後來這些人成立了「天津都統衙門」，俄國記者稱此為「國際機構」，從一開始就「認真、有效、迅速工作」，在「相互信任」、「相互支持」的條件下，「生氣勃勃」地存在了兩年。直到 1902 年，袁世凱勸退了侵略者，派唐紹儀接管了天津。

富商的宴會

1901 年，八國聯軍攻陷北京的第二年，兩
位富商來到著名的八大胡同喝花酒，他們
叫了兩位彈唱者，還有三位妓女作陪。

1900 年的山海關

在長城最重要與最險峻的古關山海關
上，掛着一幅明代進士蕭顯所書的「天
下第一關」牌匾。這個東方國家的方塊
字，在讀書人心中是一種重要的藝術。
是年，聯軍中的德軍佔領並駐守在此
處，山海關失陷。

頤和園的銅牛

1900 年，攻佔北京頤和園的一位英屬印度士兵守衛着著名的銅牛。

公主墳前的石馬

1900 年，一位英國婦人坐在北京西郊的一座被破壞的公主墳前的石馬上，拍下了這張標準的遊客照。石馬據稱是為了看護清國仁宗嘉慶皇帝的兩個公主的陵墓，因兩個公主去世的時間只差兩個月，所以陵墓建在了一起。這匹不能行走的矮小可愛石馬後來在清國屢次的外患與內亂中失蹤了。

被俘的義和團團員

1900 年 8 月，被俘的義和團團員雙手被綁在身後，引出一條長長的繩子，另一頭繫在趾高氣揚的日本士兵手中。烈日當頭炙烤，士兵和俘虜身下的陰影暗淡、細長。

聯軍公使們進入午門

1901 年，美國陸軍在紫禁城午門列隊，清國的太后與皇帝逃到了西安，曾是太后座上賓的各國駐華公使夫人們走在皇宮內的直道上。

1900 年 8 月，美國海軍陸戰隊在北京一條胡同裏巡查

照片的右邊有一個當地居民正在觀看這些士兵行進。聯軍攻佔北京後，對義和團團員幾乎進行了拉網式的搜查。

李鴻章受命北上收拾殘局

1900 年 7 月 8 日，77 歲的李鴻章受命北上。晚清實力權臣第一人、洋務自強運動名副其實的領袖、外國人唯一承認的清廷發言人李鴻章一生都走在劍鋒上，現在愈發知道如何置身於危險遊戲中的安全邊界裏。他走走停停，每一步都踏上生死攸關的節點。

朝廷第一次召見他，他找藉口在廣東待了一個月，他深知此時太后傾向頑固派，容不下自己，直到 7 月朝廷重新給予他權力，授他直隸總督兼北洋通商大臣。然而，他從廣東坐船到了上海，又不走了，因為此時北京城已經失控。直到慈禧逃往西安，授他全權議和大臣，他才瞻前顧後，一方面確認了列強的基本態度和基本穩定的形勢，一方面設法讓榮祿到西安去遏制頑固派的影響，才於 9 月 18 日抵達了天津。

李鴻章出身並不算顯赫，幸而年輕時拜在曾國藩門下。李鴻章一生尊稱曾國藩為老師。曾國藩的湘軍圍攻太平天國都城南京時，另一路太平軍欲攻上海，江浙一帶的士紳來求曾國藩援救。不巧的是曾國藩中意的人選當時都分身乏術，李鴻章得到曾國藩的支持在老家安徽一帶招募了一批士兵，這成就了日後赫赫有名的淮軍。憑藉這支苦心經營的力量，李鴻章聲名鵲起，勢力坐大。

李鴻章在年輕的官吏中屬較為開明者，注重實務，願意開眼看世界，中國近代第一條鐵路、第一座鋼鐵廠、第一座機器製造廠、第一所近代化軍校、第一支近代化海軍艦隊等，都不缺李鴻章的身影，他是洋務運動最主要的推動者，也成為清廷必須依靠的肱股之臣。《中法新約》、《馬關條約》都曾經李鴻章之手烙上恥辱印記，尤其是後者，這個老人 73 歲在日本馬關談判時險些被刺殺，子彈卡在他左眼下的骨縫裏，給朝廷的電文裏他說「傷處疼，彈難取」，那些日子裏每個細節他都會報告給朝廷，他的遇襲給日本帶來外交壓力，於是他趁機要求削減戰爭賠款一億兩白銀。

當清廷盲目地對所有外國宣戰，能夠收拾殘局者，惟有李鴻章一人。這也是他人生中，最後一次站在一個屈辱和尷尬的位置上收拾這樣的局面。

到達天津後，李鴻章去了他曾經執政達 20 多年的直隸總督府，總督府已是一片廢墟。一個月後，李鴻章到了北京。駐紮在此的外國聯軍宣佈除了「兩個小院落仍屬清國政府管轄」之外，整個北京城由各國軍隊分區佔領。那兩個小院落，一個是李鴻章居住的賢良寺，一個是參加與聯軍議和談判的慶親王的府邸。聯軍開出的條件極為苛刻，年老力衰的李鴻章竭力磋磨。每當聚議時，一切辯駁均由李鴻章陳詞；所奏朝廷摺電，概出李鴻章之手。可是，如今的狀況比馬關時的城下之盟更糟糕，已經到了「人為刀俎，我為魚肉」的地步。

李鴻章受了風寒，病倒了，聯軍打算繼續拖延，方便「漫天要價」，但此時已有些沉不住氣了，「議和大綱」終於出籠。在外逃亡的太后回電李鴻章「敬念宗廟社稷，關係至重，不得不委曲求全」。1901 年 9 月，李鴻章與聯軍簽訂《辛丑條約》。這個條約真正讓中國淪為「次殖民地」。

八國聯軍最初要求定 12 名官員死罪，包括莊親王載勳、端郡王載漪、剛毅、毓賢、李秉衡、徐桐和董福祥將軍。最後解決的辦法是賜令莊親王自裁；端郡王充軍新疆，終身監禁；毓賢即行正法；董將軍被革職。剛毅、徐桐和李秉衡已死，頑固派退出了清廷主政舞台。《辛丑條約》共有 12 條正文和 19 個附件，割地賠款均創歷史之最。

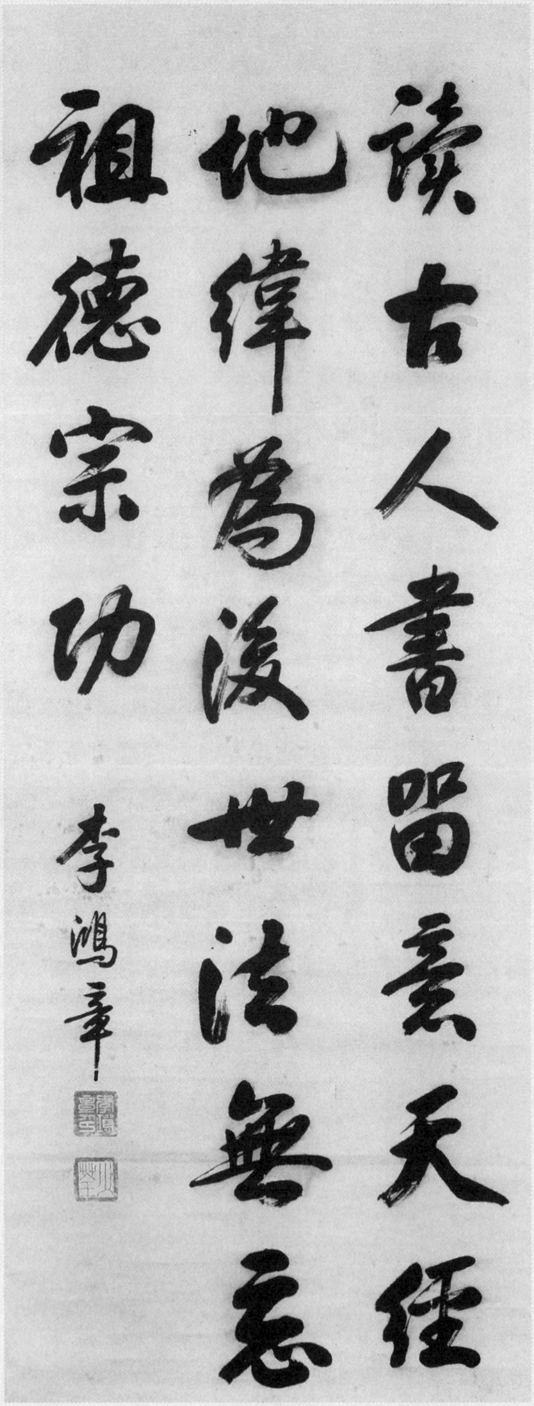

讀古人書留意天經地緯為後世法無忘祖德宗功

李鴻章

李鴻章書法

李鴻章的書法於端莊中不乏生動，用筆按提有序、豐腴厚重，結體內斂有致、疏密井然，筆墨酣暢淋漓，有歐、顏遺風。他最擅長行楷，有台閣大臣的風度。這幅「讀古人書留意天經地緯，為後世法無忘祖德宗功」，也算得上是李鴻章的人生格言。

海蘭泡的俄式車站

它的名字在俄國被稱為布拉戈維申斯克
（Blagovéshchensk），即報喜城，以慶
祝 1858 年沙俄強迫清政府簽訂《璦琿條
約》，割讓黑龍江以北約 60 萬平方公里
的土地這一件事。1900 年 7 月 17 日，
十多萬沙俄軍隊以「護路」為名，對居
住在海蘭泡的清國居民大肆屠殺，五天
共殺死 5,000 多名中國人（也有屠殺多達
20 萬人之說）。7 月 22 日，沙俄稱海蘭
泡的清國人被全部「肅清」了。

維新黨人海外遙控武力保皇

康有為從東渡日本那一刻開始，就一直抱有這樣的幻想——將光緒帝從慈禧太后的魔爪下解救出來。不過保皇黨人最終能夠實際建構武力勤王的方案，還有賴於跟孫中山等革命黨搶奪地盤上的優勢。

孫中山本名孫文，是一個誓要埋葬清政府的熱血革命青年。他早年仰慕康有為的聲名，登門探討革命之路，卻被趕出門去。實際上，他不僅被康有為趕，當然清政府更容不下他，他長住在日本，有個日文名字「中山樵」，遂以中山自稱。孫中山沒有顧忌往日被逐，力邀康、梁合作，還把身邊的朋友引薦給康、梁，後果是很多華僑都成了保皇黨人。孫中山之後曾評析，此段時間可謂革命最低谷。這就是保皇和革命兩派勢力爭奪地盤的開始，其後他們有長達十年的論戰，這也是中華民族對兩種未來道路的抉擇，在開始的一段時間裏，保皇之説一直佔着上風。

保皇黨在海外華僑中站穩腳跟後，開始籌劃用武力為光緒奪得實權。可惜，康、梁的海外籌款一直沒有到位，戰略部署不斷調整，左右搖擺。還沒等到約定的 7 月 15 日，漢口的總機關就被張之洞破獲了。保皇黨人籌劃實施的唯一一次勤王方案流產。之後的保皇黨人只能在他們辦的報紙上為他們的皇帝鼓與呼了。

同一年，南方省份也爆發了零星的反清起義，與保皇鬥爭不同，這些起義在某種程度上，是武昌起義的前奏，尤其是惠州革命起義。意志堅定的孫中山以「冒失者」的形象開始進入公眾視野。當時的中國人開始認識他的名字，因為報紙經常把他和康有為放在一起討論。當然，1900 年的這一次抗爭，只是他革命生涯的初期階段。

北洋艦隊的年輕海軍學員

他們像是剛離開家門的孩子，最右面的那個矮小的孩子據稱才 12 歲。這些孩子大部份出自貴族家庭。他們的命運在很小的時候就被決定了。海軍在清國是一個很有前途的新軍種，在他們敗於日本海軍後，這支艦隊卻成了屈辱的象徵。

培訓結業的南京海關船員

他們頭上戴着一頂上捲的簷帽，穿着特製的海關制服。這些船員的任務主要是巡視以及檢查那些在南京長江口岸停泊的中外船隻。1899 年，南京開埠，清廷設立海關辦理各種稅務。中國海關人員的管理大部份仍由外國人把持。攝影師雷金納德・科丁頓（Reginald Follett Codrington）於 1898 年 5 月加入中國海關，並被送到瓊州（海南），然後繼續在南京、天津、澳門、九龍、汕頭和南寧服務。這位熱愛攝影的清國海關官員，拍攝了許多他認為有趣的海關人員圖片，現在它們成為了海關寶貴的財富。

新加坡一戶華裔富人家的孩子的合影

清國的影響力顯現在這些孩子的服飾上，兩個小男孩穿着「僭越」的官服。女孩子們則純粹一副異域裝扮。遠在北京的戰事絲毫沒能影響到這南國一隅。

舊金山街頭的四個孩子

他們身着傳統的滿族服裝，身後各拖着一條長辮子。面向街頭的孩子似乎在抽着煙捲，其他孩子則好奇地圍觀。

滇緬邊界談判現場

1900 年，中緬邊界勘定中英邊界委員會，清國負責與英國談判的外交官薛福成與英國詹姆士・威廉・賈米爾森上校進行了第十輪談判。此輪談判中，清國提出了中英雙方勘畫滇緬邊界北段界線，共壘石堆界樁 97 處。英以領事詹姆士・斯科特（James George Scott）為代表，清朝則派出勘界大臣劉萬勝。英國要求清國「於思買卡河（即恩梅開江）與薩爾溫江（即怒江）中間之分水嶺西境，不得有干預地方治理之舉」，企圖以伊洛瓦底江與怒江的分水嶺高黎貢山為界，以達到侵佔全部未定界地區的目的。是年，清國總理衙門提出「紅色線」畫界思路，但此後英國始終堅持以高黎貢山為界。雙方直到 1911 年，民國成立，也未談成，英國反而恃強多次強佔界外之領土。

北京觀象台下玩耍的孩子

1900 年 8 月 14 日，八國聯軍攻破北京
城。作為明清兩代的國家觀象台，也淪
為德法爭奪之地。他們分別搶走了明代
製造的渾儀和簡儀，1644-1673 年製造的
天體儀、赤道經緯儀、黃道經緯儀、地
平經緯儀、象限儀、紀限儀，還有 1715
年和 1744 年製造的地平經儀和璣衡撫辰
儀。孩子們身後運作了近 500 年的古觀
象台，自此淪為廢墟。

黃浦江上的中式帆船

外灘上高樓林立，海關大樓更是醒目，上海已然成為東方繁華之都。

馱轎

清末，一種由兩頭戴着
籠頭的騾子所架起的馱
轎，是北京街頭常見的
交通工具。

破敗的正陽門

1900 年，正陽門在一年中經歷了兩次大火的焚燒。是年，義和團團員焚燒大柵欄時箭樓被飛濺火星引燃燒毀。城樓則於當年冬天被生火取暖的印度士兵不慎再次引燃燒毀。

十三陵的神道和入口

在它的兩側擺置着四個象徵皇帝規格的華表。這是中國明
代皇帝的墓葬建築群。1409 年起用，直到安葬崇禎帝後結
束，歷時 230 多年，共葬有 13 位明代皇帝、23 位明代皇
后、2 位明代太子、30 餘位妃嬪、1 位太監。

北京國子監

一位小販孤獨地守在門口。從門洞裏望進去，是青苔的石階，以及懸匾的廟堂。在這座聖廟裏，供奉着中國最偉大的學問家聖人孔子，他創立了一種稱為儒家的教派，塑造了中國人的思維方式和性格。然而，他的學說和這座高等學府，最終都淪為中國士人的晉身之階。

清末廣州的商業街

照片中的街道顯示了廣州作為南方重要通商要地的城市密度。街道狹窄，各種商舖的標牌重重疊疊，難以辨認。攝影師湯姆森認為，「中國城市的街道與歐洲的街道差別很大，除了南京和北京，總是非常狹窄。它們用石頭平鋪而成，並自然形成一個中間低凹的平面，這是疏通南方令人厭煩的大雨所造成的積水的重要手段」。

一隻華南虎的屍體

1900年，在廈門海關工作的歐洲人在郊外的森林中用步槍打死的一隻老虎。這隻老虎身形漂亮，是一隻罕見的華南虎，牠後來被製成了標本。據當時的記載，廈門郊外的森林與田野中，有許多野生的老虎出沒。獵虎則是居住在廈門的歐洲人典型的消遣方式。

泉州街頭的傳教士

坐在轎子中的是英國長老公會的女傳教士禮河蓮
（Lilias Graham），她正準備外出傳教。禮河蓮早在
1888 年就來到福建廈門傳教，一年後被指派到泉州地
區。光緒二十一年（1895）左右，她在泉州驛內埔創
辦盲人學校，名為「指明堂」，免費贈予學生衣食與
書本，兼授指模拼音識字、編織等技藝，使雙目失明
者可以「重見光明」。

西安東關的萬壽八仙宮

這座現實中的宮殿，在傳說中是呂洞賓遇漢鍾離，「一枕黃粱」被點破千秋迷夢而感悟得道之處。但真正讓這座古庵成就大名的則是在 1900 年。是年光緒皇帝與慈禧太后避難長安，駐蹕於此，封八仙庵方丈李宗陽為「玉冠紫袍真人」。慈禧太后賜庵名為「西安東關清門萬壽八仙宮」，還給了方丈李宗陽御棍兩挺。

美國舊金山掃墓祭祖的清國僑民

據稱在這個被廣東人稱為「三藩市」的西部城市，在
當時已有近 5 萬人在這裏生活。

香港跑馬地的賽馬運動

早在香港被割讓給英國成為殖民地之前，英國人就在當時被稱為黃泥涌谷的跑馬地馬場舉行這種公開的賽馬運動了。1884 年香港賽馬會成立，早期賽馬每年只舉辦一次，通常在 1 月至 2 月舉行，為期數天，稱為週年大賽。參賽的馬主及馬迷，多數是英國人或其他外籍人士、政府官員、洋行職員等。早年的英國人與華人各有其所屬看台，華人不可進入英國人看台觀賽。1891 年，馬會開始接受投注，賽馬成為一種博彩活動。

1900 年左右的香港維多利亞港

III

1901-1902 凋零

1901 年，自景山頂向南鳥瞰

古老的紫禁城，深宮緊鎖，掩映在中軸線的松柏與煙塵之中，深沉蒼涼，如同一幅舊畫。1900 年，庚子事變，聯軍攻佔北京，日本攝影師小川一真隨日軍進入紫禁城，第一次向世界展示了這座巨大的皇宮的隱秘世界。

1901 年 1 月 29 日，清政府以慈禧為首，正式推行「新政」。新政就是要改變現狀，就是「維新」。這次新政的力度，比之前的「百日維新」要大，涉及的領域，比「百日維新」要廣。

　　而兩三年前以康有為、梁啟超為代表的一群民間知識分子，要求光緒皇帝來擔任革新的領袖，更極端一點說，就是要從慈禧太后手中奪權，徹底剝奪慈禧的所有權力。這才是慈禧所不能容忍的。她並非不能接受革新、變法，她只是不能接受自己徹底退出政治舞台。

　　康有為、梁啟超觸碰到了慈禧的底線。而這個底線，如果換成一個稍微有點政治經驗的人，都不會去觸碰。說得更直接一點，康有為、梁啟超在接近光緒帝要求變革之前，沒有任何行政上的實際經驗，只是讀過書。這導致「百日維新」自身也漏洞頻出，不成章法，沒有體系。

　　100 天之內，300 多道聖旨，涉及法制、教育、經濟、官制各個大小方面，以為發出聖旨就能開始貫徹維新，這是非常天真的想法。這種自上而下的維新，必須要有下面的執行力。而康有為、梁啟超這些書生，恰恰不懂甚麼叫「執行」。

　　「百日維新」失敗了，但是請再次注意，此時清朝政府的實際領袖慈禧，仍是支持變革維新的。所以，很自然，《辛丑條約》之後，慈禧領導的一系列維新變革措施，比起「百日維新」的措施，都還要更激烈更徹底，終於在 1905 年 9 月 2 日，清廷正式在全國範圍內廢除了科舉制度。

慈禧太后聽從風水師的建議啟程回鑾

自清國定鼎中原以來，共有兩位皇帝因外敵入侵而被迫逃出北京。一次是1860年咸豐帝因英法聯軍出逃熱河，還有一次是1900年光緒帝因八國聯軍出逃西安。而巧合的是，這兩次逃亡居然都被慈禧趕上了。

八國聯軍進京的第二天，1900年8月15日，慈禧與光緒離京，逃往西安。1902年初才返回北京。西里爾·珀爾（Cyril Pearl）在《北京的莫理循》（*Morrison of Peking*）一書中有如下描述：

> 裝滿行李的車隊望不到頭，在行李的重壓下，車輛一路上嘎吱嘎吱地艱難前行。冬天日短夜長，全部人馬晝夜兼程趕路。舒服的是慈禧太后、皇上、太監總管和嬪妃們，道路已經被打掃得平整乾淨，甚至還會鋪上一層細土，隊伍行進時，前面還有專門催好的人用羽毛掃帚輕掃路面。每隔16公里就蓋有設備齊全的休息室來供應飯食和糕點。這條專用通道由當地的承包商承建，造價約為每英里1,000英鎊，鋪設路面的泥土都來自很遠的地方。慈禧的臥室車廂裏是一張歐式床鋪，與此風格相仿的則是床上備有的豪華鴉片煙具。

1901年10月，《辛丑條約》簽訂以後，北京終於變回帝都，慈禧太后率朝廷從西安啟程回北京。這一事件被《泰晤士報》記者莫理循（George Ernest Morrison）講成了一個公路電影般的故事。

出發的具體時間，慈禧更重視算命先生的建議。朝廷到北京的吉辰定在1月8日下午2時，而從保定出發的時間就必須在早上7時。慈禧太后不顧鐵路工程師的進言，早上6時冒着沙塵暴和天寒地凍抵達車站。苦了所有護衛兵，點着火把，打着燈籠，一步一步給轎夫引路。

慈禧太后的回鑾之旅

1901 年隨着《辛丑條約》的簽訂，慈禧太后也開啟了回鑾之旅。3,000
輛行李車結成浩浩蕩蕩的隊伍，從西安出發，歷時三個月，於 1902 年 1
月 8 日抵達京郊馬家堡車站，兩宮再乘輿經永定門入正陽門還宮。兩宮
回鑾的護衛工作概由袁世凱的武衛左軍總統官姜桂題帶隊執行。照片中
護送的軍士是姜將軍及其部下，遠處冰面上是跪迎的百姓。

裝飾有許多孔雀羽翎的鑾駕終於抵達京城，慈禧太后衣着富貴，戴着華麗的滿族頭飾，「尊嚴」依舊。18 個月前的一天早晨，慈禧凌晨 4 時醒來，滿耳都是貓叫，倉皇而來的貼身太監李蓮英告訴她洋鬼子已經打進朝陽門了，外面的響動是子彈槍炮聲，「咱趕緊避一避吧」。皇宮上下頓時亂了套，慈禧讓李蓮英給自己梳了一個普通農婦的髮髻，換上半新不舊的尋常衣服，帶着皇親國戚阿哥格格，一路向北逃竄而去。臨行前，把與自己有宿怨且最受光緒帝寵愛的珍妃投入井中，強迫光緒帝跟隨自己西逃。

　　初離京城的幾日裏，慈禧一行人吃盡了苦頭，不僅沒有美味佳餚，連起碼的食物和水都不易得到，這些紫禁城裏的貴人第一次切身感受到自己所統治的王朝已經淒涼到何等地步，到處是敗卒殘兵、飢餓流民。一頓要吃掉一百多道菜餚的慈禧此時只能啃玉米棒子充飢，一路上飽受蚊子、蒼蠅和廁所裏的蛆蟲給她的折磨。可是一旦地方長官前來接駕，入駐西安城，條件改善，皇家的排場又立刻重新講究起來。地方官員傾其所有為皇族營造出他們曾經過慣的生活，就好像他們並不知道國家現在的境況有多麼糟糕。

18 歲的醇親王載灃乘船赴德國道歉

　　1901 年 4 月 21 日，大清國政府成立了督辦政務處，作為主持變法的機構。

　　6 月，一家德國公司在上海從大清國朝廷獲得了一份合同，該公司開始在清國首都北京安設電燈。

　　早在 19 世紀 70—80 年代，第一波留美潮已經悄然開啟。達官貴人們的後代陸陸續續走出國門，又學成歸國，並在大清國未來的發展中成為棟樑。

　　7 月，因 1900 年德國駐華公使克林德被殺事件，清廷派 18 歲的醇親王載

18 歲的載灃

1901 年 7 月 12 日，18 歲的載灃（中坐）
以「頭等專使大臣」名義離京赴德代表
太后向德皇道歉，途經香港時留影為
念。隨行參與人員為前內閣大學士張翼
（右四）、副都統蔭昌（左五）。德國
要求載灃見德皇時要跪拜，這位年輕的
專使並沒有使德皇如願。

灃乘船赴德國道歉，並且為克林德豎碑立坊以示紀念。

　　愛新覺羅‧載灃開始登上歷史舞台。作為滿清貴族的正統後裔，清王朝最後一位皇帝愛新覺羅‧溥儀的父親，他在清王朝最後三年裏，不得已代替年幼的溥儀扮演掌舵者的角色。當然，1901 年的他還只是一個剛剛成年的年輕人。

碑文已經被劃掉的克林德碑

克林德碑本來豎立在克林德被殺的東單路口。「一戰」後，作為戰勝國，民國政府興奮地將象徵恥辱的克林德碑，改名為「公理戰勝」碑，由東單遷移至中央公園（今中山公園）。1952 年，中華人民共和國將「公理戰勝」碑改為「保衛和平」碑。

中國政界「孔夫子」李鴻章離世

　　1901 年 11 月 7 日，慈禧和光緒正在西安返回京城途中，《紐約時報》的頭條不是皇族的歸途，而是中國一位重量級歷史人物的生命終結。這就是李鴻章，終年 78 歲。

　　在這位「40 年前平定了太平軍，並以其愛國主義和英明才幹而揚名世界」的人物面前，俄國《新邊疆報》記者揚契維茨基有些局促不安，不知道自己非凡的口才去哪兒了，「跟當今中國政界的孔夫子，是不能攀談的，在他面前只能是聆聽」。

　　揚契維茨基是在天津採訪李鴻章的：

> 　　這位中國偉人靠在椅背上，抽着長長的旱煙袋。他對我們非常冷淡，甚至有點蔑視地望着我們這兩個年輕的洋人⋯⋯李鴻章已老態龍鍾，高高的個子，肥胖而笨重。他不時地咳嗽⋯⋯在左眼下面還可以看得出日本刺客曾給他添上的傷疤。

　　《紐約時報》在李鴻章去世當日刊登了一篇佔去好幾個版面的長文，且在次日登載李鴻章朋友西曼醫生悼念他的訃文。

　　李鴻章在歐美各國駐大清國公使團中贏得了外國人的尊重。1896 年 8 月 28 日下午 2 時，李鴻章一行乘「聖·路易斯」號郵輪抵達美國紐約港，「市民湧動如潮，港灣內百艦齊鳴」。那時候的《紐約時報》已經開始稱李鴻章「既是著名軍事將領，又是政治家、金融家和外交家」。在記者問及美國《排華法案》（Chinese Exclusion Act）時，他曾義憤填膺地回答：

> 　　你們不是很為你們作為美國人而自豪嗎？你們的國家代表着世界上

最高的現代文明，你們也因你們的民主和自由而自豪，但你們的《排華法案》對華人來說是自由嗎？這不是自由！因為你們禁止使用廉價勞工生產的產品，不讓他們在農場幹活。你們專利局的統計數字表明，你們是世界上最有創造力的人，你們發明的東西比其他國家的總和都多。在這方面，你們走在了歐洲的前面……但不幸的是，你們還競爭不過歐洲，因為你們的產品比他們的貴。這都是因為你們的勞動力太貴，以致生產的產品因價格太高而不能成功地與歐洲國家競爭。勞動力太貴，是因為你們排除華工。這是你們的失誤。如果讓勞動力自由競爭，你們就能夠獲得廉價的勞動力。華人比愛爾蘭人和美國其他勞動階級都更勤儉，所以其他族裔的勞工仇視華人。我相信美國報界能助華人一臂之力，以取消《排華法案》。

在西方人眼中的李鴻章有魄力，且「好問成性」。同年 9 月 2 日，《紐約時報》記錄了李鴻章在英國訪問時，與開爾文伯爵（Lord Kelvin）見面聊天，最後成了李鴻章一個人問，開爾文不停地回答。他甚至問到了外科消毒之父約瑟夫‧李斯特（Joseph Lister）的發明，這讓開爾文無法接招。對西方先進科學技術的接觸和了解，使李鴻章深諳中國發展之路的缺失。

美國記者卡朋特（Frank G. Carpenter）對李鴻章的專訪則刊登在 1900 年 9 月 23 日的《共和報》上：

卡朋特說：我知道，閣下，慈禧太后對鐵路和所有現代化的東西都很排斥。

李鴻章答道：並非如此。她很喜歡現代的好的東西。但是在接受它們之前，她希望我們確保它們是有益的東西。報紙對大清國政府的很多報導是不真實的。

卡朋特說：是的。但是，閣下，報導真實的中國很難。據說，慈禧太

年届七旬的大清國全權代表李鴻章到達英使館

1901 年 1 月 15 日，遠逃西安的太后與皇帝命令直隸總督李鴻章和
慶親王奕劻與佔領他們都城的聯軍談判。李鴻章在議和大綱上簽字
的消息傳出，國人即刻指責：「賣國者秦檜，誤國者李鴻章！」

后將皇帝關在皇宮中好幾個月。這是真的嗎？

（儘管李鴻章老謀深算，但他還是陷入了這位美國記者設的圈套。）

他回答説：不，不是真的。皇帝與慈禧太后一起召見群臣，一起處理國

事。

卡朋特立即問道：那麼，誰是中國真正的統治者呢？誰在治理這個國

家，皇帝還是慈禧太后？

李鴻章

1901年9月7日，78歲的李鴻章在北京簽訂了他人生中最後一個屈辱條約《辛丑條約》。這位歷經太平天國、撚軍、洋務運動、中法戰爭、甲午戰爭、義和團運動，建立清國第一支西式海軍北洋水師，曾簽過晚清幾乎所有重大賣國條約達30多款的李中堂，終心力交瘁，簽約不久便去世。李鴻章曾對自己作出讓人愕然的人生總結：「我辦了一輩子的事，練兵也，海軍也，都是紙糊的老虎，何嘗能實在放手辦理？不過勉強塗飾，虛有其表，不揭破猶可敷衍一時。如一間破屋，由裱糊匠東補西貼，居然成一淨室，雖明知為紙片糊裱，然究竟決不定裏面是何等材料。即有小小風雨，打成幾個窟窿，隨時補葺，亦可支吾對付。乃必欲爽手扯破，又未預備何種修葺材料，何種改造方式，自然真相破露，不可收拾，但裱糊匠又何術能負其責？」

停頓了一會兒，李鴻章也不得不回答道：慈禧太后是真正的統治者。

卡朋特又問道：但是，閣下，讓年輕的皇帝做傀儡，讓一位老婦人統治國家，不是一種奇怪的方式嗎？

李鴻章回答說：我不這麼認為。中國與英國的情況並無不同。威爾士親王（Prince of Wales，英國皇太子，即後來的愛德華七世，時年59歲）的年齡也足夠大了，但是維多利亞女王仍然統治着英國。慈禧太后非常聰明。

卡朋特問道：但是，閣下，她對中國了解嗎？她沒有對這個帝國進行過考察，也從未出宮與人民在一起。

李鴻章說：維多利亞女王個人也對英國一無所知。她偶爾去趟蘇格蘭，偶爾也去法國南部。她不得不從臣子那兒了解情況。慈禧太后也是如此。

李鴻章在晚上 9 時已經穿好葬衣。庭院裏擺滿了與實物一樣大小的紙製馬匹、紙製椅子，還有紙人。當遺體準備下葬時，李鴻章的老友——美國人西曼醫生正在為這位舉世矚目的東方人悲痛。

李鴻章的主治醫師馬可是一位極其高明的醫生，且熟知李鴻章病情。然而不巧的是，1901 年李鴻章犯重病時，馬可醫生隨載灃赴德國去道歉還沒回來。在西曼醫生的回憶裏，李鴻章的離去有偶然也有必然。

這個中國政界「孔夫子」生命終結的時候，他的妻子、兩個兒子和女兒都靜靜守在他的身旁。李鴻章留下一件遺摺，意在呼籲自強，舉行新政。遺摺原文如下：

> 伏念臣受知最早，榮恩最深，每念時局艱危，不敢自稱哀痛，惟冀稍延余息，重睹中興，齎志以終，歿身難瞑。現值京師初復，鑾輅未歸，和議新成，東事尚棘，根本至計，處處可虞。竊念多難興邦，殷憂啟聖，伏讀迭次諭旨，舉行新政，力圖自強。慶親王等皆臣久經共事之人，此次復同更患難，定能一心勰力，翼贊訏謨，臣在九泉，庶無遺憾。

臨終，他嘴裏還在痛罵向慈禧力薦義和團的前任山東巡撫。一旁的周馥見到李鴻章雖然嚥氣，但雙目炯炯不閉，大哭道：「未了之事我輩可了，請公放心去吧！」李鴻章這才閉了眼。所謂「未了之事」，卻也再也無人能了了。在臨終病榻上，李鴻章曾口述七律一首。這首絕筆詩曰：

> 勞勞車馬未離鞍，臨事方知一死難。
> 三百年來傷國步，八千里外弔民殘。
> 秋風寶劍孤臣淚，落日旌旗大將壇。
> 海外塵氛猶未息，請君莫作等閒看。

1901 年 11 月 7 日，李鴻章去世

李鴻章的家鄉合肥及天津、上海諸地，為他建功德亭、豎
碑，造墓地、祠堂。現在僅存合肥的李墓了。上海的李公
祠，如今是復旦中學。此為 1903 年建造的天津李公祠，現為
天津市第五十七中學。

1901 年，皇帝與太后西逃後的紫禁城午門

這座宮殿的正門居中向陽，位當子午，故名午門。這裏原是
皇帝責罰或者立詔的森嚴之地，傳說處置犯罪官員，將其
「推出午門斬首」。此時的午門前荒草叢生，人力車夫拉着
佔領者隨意出入。城樓上建築損毀大半，左邊城樓屋簷，為
美軍攻打天安門的流彈所損壞。

孫中山在橫濱寓所

1901年1月，美國《展望》(*The Outlook*) 雜誌記者林奇（George Lynch，右二）赴日本訪問孫中山（右一），與孫中山傾談惠州起義失敗的真實情況。

《辛丑條約》簽訂現場

1901年9月7日，清政府派全權代表慶親王奕劻、李鴻章與英、美、俄、德、日、奧、法、意、西、荷、比等11國代表簽訂了《辛丑條約》，商定賠銀4億5,000萬両，是為庚子賠款。此條約係清國史上賠款數目最龐大、主權喪失最嚴重的條約。李鴻章就此成為史上爭議最大的「賣國者」。

客居日本的章太炎

1901 年，章太炎寫下《正仇滿論》。文中，章太炎駁斥了梁啟超《積弱溯源論》，引《左傳》「非我族類，其心必異」之義，徹底否定清室統治的正當性。文章氣勢磅礴，上海「人人爭購」，朝野為之震動。章太炎幾乎以一人之力，將革命合法化，使革命思想成為當時最煊赫的潮流。清廷的兩個總督、三個巡撫，對這個學問深湛的「革命哲學家」，下令「嚴捕立決」。次年 2 月，章太炎再次逃亡日本。他其後七被追捕，三入牢獄，未有懼色。

慈禧的汽車

1901 年 11 月 29 日，時任直隸總督的袁世凱為賀慈禧太后 66 歲大壽，專門花費白銀 1 萬兩從香港購置了這輛「杜里埃」牌（Duryea）汽車送給慈禧。這輛敞篷式汽車，為黑色木質車廂、黃色木質車輪與輻條、銅質車燈、實心輪胎、兩軸四輪、橫置式氣缸、10 馬力的汽油發動機。最高時速為每小時 19公里。這輛 1901 年清國宮廷中速度最快的汽車，起初很受太后的喜愛。一位叫做孫富齡的留洋者成為了這輛車的司機。但他在喝了一碗米酒後，卻以這樣慢的速度撞死了宮裏的一位太監，開了清國酒駕撞死人的先例。他在紫禁城開車帶太后遊玩的風光歲月只維持了半年。大臣們認為一個奴才在駕駛汽車時，不僅坐着而且還坐在太后的前面，實在有失大清體統，孫於是跪在被拆去前座的車上做了一段時間的司機。孫感到自己的生命隨時可能會失去，便謊稱這輛車壞了而不再開車。這輛清國第一車於是就一直擱置在紫禁城，後來又移放到了頤和園。它作為一個時代的象徵，存放至今。

總理各國事務衙門

1901 年，位於北京東堂子胡同的晚清最高外交機構——總理各國事務衙門正式退出歷史舞台。門前牌樓上書「中外褆福」，語出《漢書‧司馬相如傳》：「遐邇一體，中外褆福，不亦康乎？」意謂中外平安無事之意。在這一年的新政中，這個成立 40 多年的清廷外交事務部門，正式更名為外務部。清國在第二次鴉片戰爭之前，並沒有正式的外務部門。1861 年 1 月 11 日，恭親王奕訢與文祥上奏《統籌全域酌擬善後章程》，即提出要設立新的外交機構來處理新的外交事務，後於 3 月 11 日正式成立總理各國事務衙門，同時根據《天津條約》，邀請各國公使駐京。

總理各國事務衙門作為最高外交事務的機構，事實上不是一個正規的政府部門，而更類似軍機處的下屬機構，且具有臨時性，因此它沒有正式的官品和編制。這個清國最高的外交部門，主要負責外交事務的執行而非決策，決策的權力主要掌握在慈禧太后以及軍機大臣手中，但因早期負責的恭親王和文祥都是具影響力的軍機大臣，因此其提案大多能獲通過。

北京皇城正門天安門

1901年，一輛驢車拉着客人從皇城中走出，破敗中依稀可見舊時的繁華。天安門城牆上十幾處損毀的地方，為美軍攻打時的大炮與流彈所致。太后與皇帝回到皇城後，曾經簡要修復天安門，掩蓋住了那些彈坑。

1902 年的北京十三陵

北京一位挑着草擔的農民，走過
明帝國皇帝陵墓前的神道，神道
旁兩根神柱上佈滿了青苔。

駝隊和破敗的城門樓

遠看樓頂屋漏朽敗，如同這個即將傾覆的王朝。駝隊也是 20 世紀初
北京城的一景，現在已經看不到了。

劉坤一病逝，還剩一個張之洞

1900 年八國聯軍侵華時，在明確李鴻章的態度後，劉坤一和張之洞與列強簽約中立，以「東南互保」。這意味着，中央與地方關係發生重要變化，地方勢力日益擺脫中央，成為相對獨立的力量。這種力量的開端是曾國藩的湘軍、李鴻章的淮軍，更晚些時候，湖廣總督張之洞也依靠洋務政績立起清朝地方勢力的第三個山頭。正是他們撐起了晚清政局，也正是他們培育了顛覆王朝的武裝力量。

由於湘軍、淮軍，以至於清王朝末期的北洋軍，私家軍隊只效忠將領而不效忠國家，客觀上加快了清朝的滅亡。

劉坤一是湘軍系勢力的繼承人，先後任廣西布政使、江西巡撫、兩江總督，1875 年 9 月，授兩廣總督，次年兼南洋通商大臣。1891 年受命「幫辦海軍事務」，並任兩江總督。隨着湘軍頭面人物逐漸離世，劉坤一遂成眾望所歸的領袖。在庚子事變中，劉坤一儼然為諸侯長，領袖「東南互保」，竟囊括了東南甚至西南各省所有的督撫大員，連慈禧的親信榮祿也站在劉坤一的一邊。最後慈禧面對八國聯軍破城後的淒慘現實，不得不承認劉坤一等「互保」之舉是「老成謀國之道」。

1902 年 9 月 10 日，劉坤一逝於兩江任上，終年 73 歲。臨終前口授遺摺，陳述了任封疆大吏 40 年深受朝廷大恩，至死仍懷依戀之情。就在前一年，他和張之洞連上三疏，請求變法，提出興學育才、整頓朝政、兼採西法等主張，稱「江楚三摺」，多為清廷採納，拉開了清末新政的序幕。

同李鴻章、劉坤一幾近同等政治地位的張之洞卻非地方武裝起家，他出身清流，一生恪守士大夫的行為準則，不戀錢財，自信中國傳統文化的主體性，提出「中學為體、西學為用」，務實地推行洋務自強，在湖北辦實業、練新兵、開新學，使湖北精神物質方面均豎起一杆大旗。史家馮天瑜對張之洞的評價是，經張之洞督鄂近 20 年的艱難經營，湖北由一個深居腹地、經濟文化均處中等發達程

度的省份，一躍而為晚清全國最重要的工業中心之一，某些門類（如鋼鐵工業、軍火工業）在當時的東亞也佔據領先地位。

而張之洞自己即成地方領袖，在李鴻章、劉坤一去世後，更是走上了人生和權力的頂點，他使出了最後一點氣力助推清末新政。但命運弄人，最後推翻了他誓死效忠的王朝的正是他訓練出來的湖北新軍。

「洩密者」：清政府已是個空殼家族

1902 年 1 月，《紐約時報》用一篇長文評論了最能揭秘中國的書——在中國居住了 35 年的傳教士明恩溥（Arthur Henderson Smith）的《動盪中的中國》（*China in Convulsion*）。

明恩溥通過報紙和圖書向西方世界前所未有地傾吐了公開的「秘密」：清政府本想利用義和團清掃外國列強，卻做了無用功。現在的他們更加愚昧無知，進入了「無政府」狀態。

明恩溥的書「點燃了國際時事熱點」，他告訴人們，此刻的中國最需要一個雙手不被束縛的本國戰士，他可以為清政府做點事。

在英國《泰晤士報》記者莫理循看來，這個本國的戰士就是袁世凱。毫無疑問，莫理循也算是另一個傳播中國真相的「洩密者」。

1902 年 3 月 2 日，莫理循在保定第一次見到袁世凱。1900 年八國聯軍在天津建立的「天津都統衙門」，把天津劃分為八個區由各國分管。袁世凱剛接任直隸總督，就委派唐紹儀與列強交涉取消都統衙門，收回天津。莫理循稱袁世凱「強壯、健美，充滿了鼓舞人心的自信」，是一位愛國的官員。袁對莫理循宣稱，在各國協議的草案裏，沒有任何部份説明了天津的統治權應該交給外國人。面對這位年僅 42 歲的直隸總督、清廷中最年輕的高官，莫理循頗為折服。自

此，二人開始了長達 15 年的交往，直至 1916 年袁世凱去世。彼時，恐怕連袁世凱自己也不會預料到，自己將是清王朝的主要掘墓人之一。

明恩溥，美國公理會來華傳教士

1872 年明恩溥受美國公理會派遣來華，先後居住於天津、山東等地，兼任上海《字林西報》（*North China Daily News*）通訊員。1880 年，明恩溥在山東省西北部的恩縣龐莊建立傳教工作。1905 年辭去教職，留居通州寫作。1926 年返回美國。他在華生活 54 年，熟悉基層人民生活，熱愛中國，是最早向美國總統老羅斯福（Theodore Roosevelt）建議退還中國庚子賠款的人。

北京三品滿族官員的官轎

這頂官轎的前後都有一支頂槓支撐，以便於在兩邊的轎夫輪換。在晚清的官員規制中，對於官員所乘的交通工具有着嚴格的規定。清代規定皇帝出行一般要乘 16 人抬的大轎，郡王親王可乘 8 人抬的大轎，京官一、二品只能乘 4 人抬的中轎，外官總督、巡撫乘 8 人轎，司道以下教職以上乘 4 人轎，雜職乘馬。據嚴苛的清代輿服制度規定，只有三品以上的官員出行方可坐綠呢大轎，三品以下則坐藍呢轎。

III 凋零

福州一位正在修鞋的工人

他們身邊一個小孩手提銅壺，為他們帶來熱茶。

廣州兩位官員的合影

右邊的高階官員戴着朝珠，身着朝服。
左邊的那位顯然是位低階官員。他們中
間的茶几上擺着兩杯清茶。值得注意的
是，在他們厚重的朝靴中間，是一個高
腰的痰盂。

結算賬目

晚清攝影師賴阿芳（又名黎芳）拍攝的
一幅關於中國商人與賬房先生結算的照
片。他的圖片一律以擺拍來圖解所有他
認為可以展示的中國人的形象，他被認
為是 19 世紀最重要的中國攝影師。

「中國醫生」

1901 年，一位奇特的中國老人出現在由北京寄往歐洲的一張名為
「中國醫生」的舊明信片上。這位老人的左手五指戴着長長的護甲
套，右手執一杆長長的煙槍，這似乎表明這位老人不用從事體力勞
動即可過上舒適的生活。照片上的老人並不是清國常見的男人形
象，這也是這張奇特的照片被作為明信片的理由，它可以極大地滿
足歐洲人對於清國的想像。

III 凋零

清代的剃頭匠

1901 年福州街頭的巡迴理髮師，在為兩個男子清理頭髮。理髮師很少有固定的場所，他們會挑着一個擔子，一邊放着桶狀的爐子，裏面燃着火，一邊放着水和理髮用具，以便為顧客淨面理髮。他們的工作似乎沒有挑戰性，只是刮去顧客頭皮上少量的頭髮，然後再為男人編好一種特定的辮子。

在艦上做雜活的清國工人

1901 年，被德國人聘用在運輸艦「科隆」號上做骯累雜活的清國工人，值班下崗後，在停靠的碼頭上用冷水洗澡。他們的長辮與長襖，早已成為這艘戰艦上的另類風景。

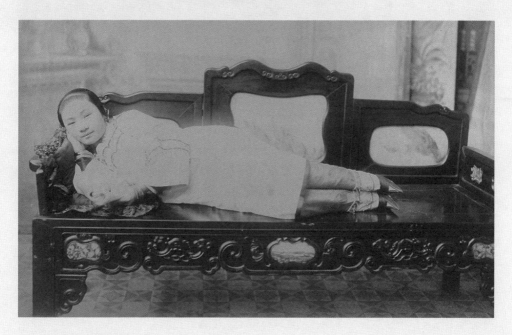

一位上海風塵女子

她躺在一張傳統的中國床几上，把自己引以為傲的三寸小腳，擺放在重要的位置。有些傳統中國士人認為，這是女人最性感的部份。

天津租界的高爾夫球運動

這張至今保存在美國南加州大學圖書館的圖片上所展示的是天津的一處會所。三個少年肩上挎着高爾夫球袋，站在英國維多利亞時代的建築前面，這些高爾夫球場內的球僮，可能是中國最早接觸高爾夫球的一批人。早期的天津報紙證明，早在 1901 年，在天津的俄國僑民就組建了高爾夫球會，他們在俄租界建成了有 9 洞的高爾夫球場。球場主要對在天津的外國人以及與外國人關係密切的華人開放，實行會員制。這是高爾夫進入中國最早的明確記載。這種據稱源起於中國唐朝「步打球」的所謂高爾夫球，一度在天津被市民蔑稱為「野球」。

鴉片吸食者

鴉片戰爭前後，英商對華鴉片走私令世界瞠目。《劍橋中國晚清史》（*The Cambridge History of China Vol.10: Late Ching, 1800-1911*）稱：「19世紀初葉，吸食鴉片的不過是富家子弟。後來上到官府縉紳，下至工商優隸以及婦女僧尼道士，都在吸食。1838年，御史官員奏報皇帝，在廣東、福建，十人九癮，帝國其他地區很快也吸食成風。學者包世臣估計，1820年時，以蘇州一城而論，吸食鴉片者不下十數萬人。該城成人大多為癮君子。至1836年，每年輸入清國的鴉片約1,820噸。吸食鴉片在清國幾成惡俗。至1906年，統計中國已有1,350萬吸食成癮者。」

福州被連枷處刑的巫女

1901 年，福州三名犯有巫術罪的婦女，
被判處連枷重刑。她們三人的頭被鐵枷
鎖在一起，這在清國是對於重刑犯的懲
處方式。這三個婦女據稱利用巫術為人
治療而致人死亡。

上海兩位戴重枷的犯人

清代沿用隋唐以來笞、杖、徒、流、死的五刑制度，更增加了法外酷刑，如充軍、發遣、遷徙、枷號、刺字及凌遲、梟首、戮屍。枷號兼有侮辱與體罰性質，附加於主刑之上，主要適用於犯奸、賭博、逃軍、逃流和竊盜再犯等罪。囚犯將戴上重枷，在城門、衙門等公眾聚集或來往之地示眾，臨近的牆壁上書寫犯人作奸犯科之事項，供人唾棄與指摘。枷重者達 30 餘斤，枷號時間由三五日至半年一年不等。囚犯被沉重的枷具壓迫到坐地不起，甚至會因此斃命。

III 凋零

奉天監獄裏的犯人

一名罪犯跪在鐵鍊上，他的手被一種奇特的繩捆方式架在一根木棍上。周圍的犯人們跪在地上，木然地看着攝影師的鏡頭。

清末官員出行的儀仗

官員坐在一頂轎子中，前面有數十人為他開路。侍從舉的牌子上寫着「肅靜」、「迴避」的字樣，顯示着官員的權威。不過在為他開路的隊伍中，還有吹奏嗩吶的樂手為他伴奏。攝影師威廉·桑德斯（William Saunders）在中國拍攝了一系列市井民俗題材的作品，此為其中具有代表性的一幅。這張略帶違和感的照片反映的並不是真實的情況，其實是攝影師僱用模特，按照中國的傳統、生活習性擺拍的照片。這種照片很受當時西方博物館的喜愛，被當成真實的中國而加以收藏。

西安官員視察洋槍隊訓練

這位清國官員手持一把長杆煙槍，端坐在高高的桌面上。在他的左側有兩個吹號的號兵，半跪在地面的士兵手持火繩槍。在他的身後則有一隊士兵手持土製排叉。這樣雜洋混居的軍隊景象，彷彿穿着一套不合身衣服的人，顯得那麼不合時宜。

寧波一隊衛安勇在進行訓練

這支為應對太平天國運動，由庫克上校
（Colonel Cooke）建立的類似西式警
察的部隊，配備了先進的西式裝備。太
平天國覆滅後，這些武裝繼續發揮保護
地方的作用，甚至擔負起保護洋商的任
務。這隊衛安勇於 1906 年轉化成了寧波
地方政府的警察人員。

英軍在威海衛培訓華人士兵

這些士兵的待遇略高於清國軍隊，他們大多是來自於山東各地的壯丁。英國首相索爾茲伯里（Robert Gascoyne-Cecil, 3rd Marquess of Salisbury）令在香港的陸軍上校鮑爾（Hamilton Bower），從香港和上海的中國人中招募譯員、號手和軍士，還去威海衛徵募士兵，組建中國僱傭軍團。這些僱傭軍按英軍傳統被稱為「華勇營」，與他們的印度僱傭軍在八國聯軍侵華事件中組成攻擊天津的部隊。

1901-1902

Le Petit Journal

SUPPLÉMENT ILLUSTRÉ

Huit pages : CINQ centimes

DIMANCHE 6 AVRIL 1902

EN CHINE
LA FRANCE ET LA RUSSIE. — Pas si vite! Nous sommes là

日俄瓜分中國的版畫

1901 年 4 月 6 日，法國的《小日報》（*Le Petit Journal*）刊發了一幅日本、法國和俄羅斯關於清國利益分配的版畫。在他們的桌面上，放着一塊類似清國傳統屋頂的蛋糕。日本在 1895 年的中日戰爭中令人驚訝地擊敗清國，趁勢控制了台灣和朝鮮，打開了成為亞洲下一個帝國主義國家的道路。美國在 1898 年的美西戰爭中取得勝利，加入了真正的列強俱樂部，將古巴、波多黎各和菲律賓列入殖民地名單。俄羅斯向東轉，1891 年開始建立西伯利亞大鐵路，將其亞洲領土與莫斯科緊密相連。隨後，列強都把目光投向了這個即將朽壞的清國。

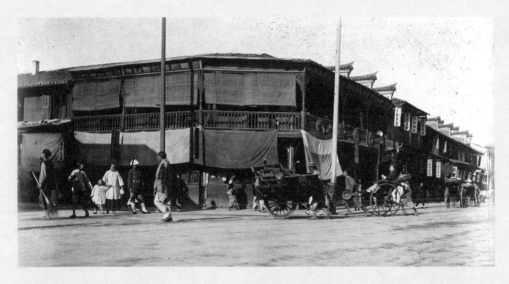

上海的一洞天茶園

茶館位於今南京東路與福建中路交叉口的西南轉角，茶館裏的演戲，常通宵達旦。茶客混雜，既有商人在此談生意，也有白相人（花花公子）來此講「經頭」（吳語，類似如今八卦話題），星相術士也混跡其間。上海跑馬場開業後，南京路上遂興起眾多茶館，如鴻福樓、五福樓、一壺春等十多家。

北京城的有軌電車

1902 年，馬家堡火車站通往永定門的有軌電車再次通車。出於風水的考慮，北京的火車站被設在了離城兩公里外的馬家堡。為了方便與北京內城的連通，在 1897 年建成馬家堡車站後，他們又從德國西門子公司直接進口了當時最先進的有軌電車，興建了「馬永線」（馬家堡至永定門）電車線路。剛建成不久，義和團在 1900 年又焚毀了它們。

直隸總督時期的袁世凱

1902 年，直隸總督袁世凱（中）視察京師大學堂譯學館，並與該館
監督朱啟鈐（左）、管學大臣張百熙合影。譯學館前身是併入京師
大學堂的同文館，同文館於 1900 年因庚子事變停辦。1902 年，清
國下令恢復京師大學堂，並在北京北河沿購置房舍一所，設立京師
大學堂譯學館，分甲、乙、丙、丁、戊五級，以學習英、俄、法、
德、日外國語言文字為主。學習年限五年，除學習外國語外，兼習
普通學，兩年後兼習法律交涉專門學，學生畢業後均給出身。京師
大學堂是北京大學的前身。

李鴻章幕府班底的合照

1902 年 8 月八國聯軍交還天津城，袁世凱移駐後即為李鴻章在天津建立祠堂，並為之題聯，其中有句為「一生低首拜汾陽，敢詡臨淮壁壘」，以李的後繼者自居，並藉此收拾李的幕府班底「宏攬人才」，其中包括其後任直隸總督的楊士驤、創辦巡警系統的趙秉鈞等一眾股肱人物。袁氏總是擺出一副謙恭下士的姿態，談話時「煦煦和易」，「人人皆如其意而去，故各方人才奔走於其門者如過江之鯽」。

清代升堂的照片

浙江的一所縣衙法庭內，審判正在進行：法官手執驚堂木，怒目呵斥；書記員秉筆直書，一絲不苟；官差、控訴官位列兩側，看起來已具有現代法律審判程序之雛形。然而很遺憾這張照片是擺拍的。英國攝影師威廉·桑德斯於 19 世紀 70 年代在上海的攝影館完成了這張奇怪照片的拍攝。縣官後面的牆上掛着商人求財所用的關公年畫，兩邊「春風大雅能容物，秋水文章不染塵」的對聯，其實是鄧石如書房的楹聯，縣官面前的那張簡陋的桌子前的布上更是寫着不明所以的「月光之大」。雖然中國人看到這張照片感到違和感十足，但對桑德斯和西方社會來說，這些東方符號、中國元素是否真實，其實無關緊要。

北京小腳婦女的聚會

1902年，北京城幾位婦女聚在一起，可能是一位富豪的妻妾們在四合院裏合影。這位富豪有七個妻妾，還有十多個兒女。他的妻子們都束着小腳，住在一起，顯然這是一個很有趣的故事。

在田間製作經紗

1902年，上海郊區一家手工紡織作坊的兩名工人正在田間製作棉花經紗。這種落後的紡織產業正在被先進的紡織機器所替代。據當時的研究者稱，上海郊區的「家庭紡紗大多消失，但是，起而代之的是使用洋紗的手工織布」。

清末山西太原的大戲台

1902年，山西太原府的社戲場
上，唱戲的攏不住看戲的目光。
人群背後的照相機在百年前的中
國顯然是最新鮮的西洋景。

清末的廈門鼓浪嶼

1902年，廈門鼓浪嶼灘頭，兩個撐傘的洋人正在海邊行走。甲午戰敗後，清廷請
列強「兼護廈門」，鼓浪嶼遂成為美、德等九國租界，這個彈丸小島遂建起近千座
洋房，其現代化程度能比肩上海外灘。

天津小站的新軍訓練

1902年,天津小站的北洋新軍正在列
隊訓練。小站地處天津鹹水沽南約十公
里,甲午清國戰敗後,袁世凱於1895
年接替胡燏棻,奉旨在此督練「新建陸
軍」。他在原十營近5,000人的「定武
軍」基礎上,增募新兵2,000餘人,聘請
了多位德國教官,一律採外國新式武器
裝備,並制定全新之營規營制、飾章、
操典。清末歐洲諸列強在其印刷的中國
地圖上均標註這個叫小站的鎮子,在此
方圓52平方公里的地界內,袁世凱奠定
其一生事業之基礎,自此以後袁氏聲名
鵲起,扶搖直上。

威海衛的清人僱傭軍

1902年，威海衛，英國第一軍團中的清國僱傭軍。兩位
街頭表演者正在表演一種類似拽拉的武術。

僱傭軍的裝束

1902年，英國皇家第一軍團士兵在威海衛的皇家海軍食堂前的留影。
這些年輕的清國士兵由英國皇家第一軍團徵召而來，他們大部份都纏着
錫克教徒般的頭巾，當然被剪掉了辮子。女王之家是英國皇家海軍的食
堂，它建於威海衛外的劉公島上。這座大樓之前是清國北洋海軍總長的
辦公室，建於1887年。

濟南一間武館的學員

顯然這是一個家族式的武術團體，這種
用於健身或者搏擊的技術，在清國的傳
統中，其效果被誇大了。義和團團員迷
信大刀、拳頭能與聯軍的火炮對抗，這
為他們自己和國家帶來了巨大的災禍。

梁啟超一家避居東京

1898年，戊戌變法失敗，梁啟超全家避居澳門，逃過滅門之災。隨後，梁啟超隨老師康有為亡命東瀛，開始長達十幾年的流亡生涯。梁啟超的第一任夫人李惠仙擔當起家裏的頂樑柱，梁啟超也在東洋鴻雁傳書，鼓勵妻子堅強地活下去，並授以讀書之法、解悶之言，萬種濃情流露於筆端。有一封信這樣寫道：「⋯⋯南海師來，得詳聞家中近況，並聞卿慷慨從容，詞聲不變，絕無怨言，且有壯語，聞之喜慰敬服，斯真不愧為任公闈中良友矣。」二人後於日本重逢，一生相敬如賓，在李氏溘然長逝後，梁啟超寫下《祭梁夫人文》，寄託天人兩隔的哀思。

三國公使伍廷芳

1902 年，伍廷芳出任美、西、秘三國公使。曾任律師的伍為保清國
權益，僅與美國談判商約一項便磋商至 30 餘次，辯論不下數十萬
言，舌敝唇焦，屢次決裂，實已辯至磋無可磋、磨無可磨之地。他
卓越的外交才幹和法律方面的真知灼見，曾博得同樣出使過美國的
胡適先生稱讚：「他在海外做外交官時，全靠他的古怪行為和古怪
議論壓倒了西洋人的氣焰，引起了他們的好奇心，居然能使一個弱
國的代表受到許多外人的敬重。」

英軍舉行閱兵儀式

1902 年，英軍在香港九龍尖沙咀舉行閱兵儀式。集結在九龍外海上的英國艦隊鳴響禮炮。1860 年 3 月，英軍在此登陸並安營紮寨。英國駐廣州領事巴夏禮（Harry Smith Parkes）僅用年租銀 500 両，就誘迫兩廣總督勞崇光簽署《勞崇光與巴夏禮協定》，強租九龍（包括昂船洲）。

世界上第一張北京全景圖

這張北京全景圖是拼接而成的。此圖從南大門始，幾乎囊括了
紫禁城、四合院民居以及城牆等重要建築，一時成為歐美諸國
媒體報導北京這個城市的一張流行圖片。

北京十三陵

1902 年秋天，一位英國皇家海關的職員，
坐在十三陵神道旁巨大的石頭將軍下面。
這個石頭將軍在中國傳說裏叫做「翁仲」。
傳說他是秦始皇的大將阮翁仲，他身高力
大，因攻擊西部的匈奴而立下戰功。他死
後，人們就把守護廟宇、陵墓的石像、銅
像統稱為「翁仲」。在明代長陵神功聖德
碑亭往北的 800 餘米的區域內，矗立着 12
對石獸和 6 對石人，守護着被清國消滅的
明代皇帝陵寢。

IV

1903-1904

湧動

1905年，奉天城中熙熙攘攘的街道

沿街清國居民掛滿了日本白底紅日之國旗，日本軍隊
已經接管了原本俄國人搶佔的地盤。這場戰爭的最大
輸家，其實只有試圖坐收漁利的清國。

列強的生意

建國僅有百多年歷史的美國，在列強瓜分中國的狂潮中，一度走在了後面，於是它提出了「門戶開放」政策（Open Door Policy），狡猾的利益均沾說法等於把自己提升到和其他列強平起平坐的地位，就好比它們之間約定了彼此平等地享用中國這桌美食。而《辛丑條約》之後，中國在國際上的屈辱地位更是難以動搖。

1903 年 1 月 4 日，《紐約時報》以「中國的商貿發展」為題解讀大清國的新一年。中美貿易額已經有了很大的增長。從 1895 年到 1901 年，大清國從美國的進口額翻了四番，達 14,799,922 美元。即使如此，3 月的《紐約時報》還在猜測，此刻變革中的大清帝國正在歷史與未來之間猶疑、妥協，但它不可能把自己的未來交在美國人或歐洲人手裏，而會放在日本人手裏。

大清國正致力於學習日本的革新範本，妄圖爭取到和鄰居日本一樣的地位。

1903 年 3 月，美國報紙慨嘆，毫無疑問，歐洲人開始變得熱忱。意大利羅馬和佛羅倫薩的大學都開始教授中文；法國則可能是西方漢學最早的發源地，巴黎和里昂的學校裏的漢學研究者可最為活躍；奧地利的維也納教育學院也開設了中文課程。

年初，西方學者呼籲關注大清帝國快速發展的機遇，隨後中文學習與中國文化的傳播似乎成了熱潮。5 月，講述中國陶瓷器皿製作故事的書登上報紙。6 月，「中國的明燈：中國哲學家老子」成為美國報紙的頭版標題，老子的思想主張，及其與孔子哲學思想的對比成為西方媒體樂於分享的故事。老子是中國偉大的思想家，也是道教的源頭。報導裏甚至直接有了《道德經》的內容。

1903 年夏，《紐約時報》收到的一封讀者來信呼籲關注中國：「中國成千上萬飢餓的人希望得到美國的支持和援助。」

英國人赫德提出重組中國計劃

1904 年夏，時任中國海關總稅務司的英國人赫德（Robert Hart）提出了重組中國計劃。《紐約時報》報導此事用了一種曖昧不明的腔調：這是「異常的」、「不詳的」、「驚人的」、「非凡的」計劃。

他呼籲增加軍費，加強軍隊力量，特別是海軍；他建議每年的稅收應該有1,000 萬用於建立新式學校和郵政系統。他的種種建議在英美媒體的描述中是「對中國及其大眾有益的」，卻也是中國人認定「居心叵測」的。大清帝國重要的海關大權被一個著名的外國人把持，這無疑是一種「侮辱」和「損害」。

赫德注定是一個不被中國人喜歡的人。作為一個英國人服務於中國海關，人們看到他侵奪中國港口的引水權，擴大海關稅務司對海關案件的審判權，把中國的郵政權控制在海關稅務司手中，還有他難以磨滅的英國屬性。

所以，即便他創建稅收、統計、檢疫等一整套嚴格的海關管理制度，為清廷開闢了一個穩定的、有保障的，並逐漸增長的新的稅收來源，甚至可以說清除了舊式衙門中普遍存在的腐敗現象，創建了中國的現代郵政系統——但這些都不重要，始終記錄在案的是他參與過簽訂《中法新約》、《中英會議藏印條約》和《辛丑條約》。

同樣在 1904 年，4 月 30 日的《泰晤士報》上碩大的新聞標題是：中國將要鬥爭。

大清國駐法公使孫寶琦的講話成了報導唯一的主題。這是他第一次代表政府出來宣告：中國不喜歡戰爭。

孫寶琦，浙江杭州人，從 1902 年起出使法蘭西，就力主效法日本以圖自強。他年輕時便有經世之志，1886 年起，歷任直隸道台、順天府尹、駐外公使等職。然而，從公開的「中立」到「不喜歡」，孫寶琦除了表達出一點「鬥爭」的意願，實質上，對日本唯命是聽的立場絲毫沒有改變。

日俄交戰的真相

　　清王朝是興起於中國東北地區的少數民族政權，所以它的老家被王朝的統治皇族稱為「龍興之地」。不過當東亞地區的傳統大國俄國遭遇新興日本強國的挑戰，兩國把中國東北作為利益爭奪的主戰場時，清廷的統治者也沒有力量阻止，只能一再地強調要恪守中立，「務請戰後不要侵我主權」，其實他們自己也明白，無論誰戰勝，「請神容易送神難」。

　　日俄之間的較量早已有之，實際上這更是國際局勢的一個縮影，幾乎所有帝國主義強國都涉身其間。中日甲午戰爭之後，日本不僅在朝鮮站穩了腳跟，而且要求中國割讓遼東半島，這無疑等同於奪走沙皇俄國嘴中的肥肉，後者正在力圖使得中國東北之地成為「黃色俄國」。俄國立即出面干涉，日本作出了讓步，中國用 3,000 萬両白銀贖回遼東這塊自己的領土。俄國此舉贏得了中國當局的好感，更加堅定了李鴻章「聯俄拒日」的決心。李鴻章在死前秘密與俄國締結了密約，他滿心歡喜地以為東北至少能夠安定 20 年，事實是兩年後就爆發了戰爭。

　　日本對於中國東北的覬覦沒有改變，並且在 1902 年拉攏到了老牌帝國主義者英國作為自己的盟友。美國也有支持日本的傾向，羅斯福總統（Franklin Roosevelt）認為中國軟弱無能，日本是東方崛起力量的象徵，也是「門戶開放」政策的擁護者，這符合美國利益。俄國立即對英日聯盟作出反應，一方面擴大了與法國的同盟關係，一方面在 1902 年 11 月至 1903 年 4 月期間舉行了一系列會議，決定奪回自己在中國東北的影響。俄國於是直接向清廷表達自己的利益訴求，因為有日、英、美三國撐腰，清廷拒絕了。同時，俄日開始談判，俄國保持居高臨下的姿態，而日本也毫不示弱，要求自己有同等的機會和地位，以分割中國東北利益，談判陷入僵局。

　　日本人已斷定戰爭是不可避免的了。精於計劃的日本人認真計算了俄日對壘的實力對比，作出的結論是，戰爭初期日本可以獲勝。同時，日本做好了打幾場

勝仗後請美國出面調停的外交準備。1904年2月6日，日本中斷了與俄國的談判，隔了一天便開始軍事行動。2月10日，俄國和日本互相宣戰。戰爭把東北地區攪得天翻地覆，清王朝的子民們流離失所，苦不堪言。戰場上的勝利者是新興的日本。1905年9月5日，俄日締結和約。實際上，日本已代替俄國而成為佔據東北的主要帝國主義者了。

這次戰爭給中國的侮辱，比甲午、辛丑更甚。這是日本和沙俄，為了爭奪中國國土，在中國國土上打的一場仗。之前的鴉片戰爭，好比是一個外來陌生人闖進一間房子，房子是有主人的，這個陌生人要求主人分點好處給他，不管陌生人怎麼窮兇極惡，還是在跟主人交涉，把房子的所有權當回事。而這次的日俄戰爭，則是兩個陌生人闖入一間有主人的房子，主人就在現場，但兩個陌生人根本不管，自己打了一架，來爭奪這個房子的好處。

好消息是，此時的日本還沒有足夠的力量，雖然日俄都在中國東北地區掠獲大量特權，但日本還是在1905年把東北地區的行政管理權歸還中國，這不僅直接促使清廷下定決心在東北結束特殊政治體制，建立行省制，並全部改換了主政官；又因為日俄戰爭的結果被普遍解讀為「日本之勝利與俄國之失敗，實乃立憲政體之勝利與君主政體之失敗」，還迫使清廷決心立憲。

自從19世紀60年代以來，中國在對外關係方面的境遇一直隨着清朝的衰落而每況愈下。王朝短暫中興晚期的「邊防還是海防之爭」也變得失去了意義，因為此時的清朝帝國邊疆籬笆漏洞百出，國土之上都成了帝國主義的圍獵場。

「邊防還是海防之爭」的兩方均出自曾國藩門下，一位主張國家戰略應側重於邊防，尤其注意俄國對新疆、蒙古、東北地區的侵佔野心，主張者為左宗棠；另一位主張國家戰略應側重於海防，要建設現代化海軍抵禦外來侵略，主張者為李鴻章。兩位同為封疆大吏，前者平定伊犁，將新疆地區納入清王朝行省之列；後者建立北洋水師，豎起海防屏障。

不幸的是，守土重臣左宗棠只活到1885年就去世了，縱橫外交家李鴻章期

19 世紀的中國政治地圖

這幅著名的中國地緣政治地圖「遠
東時局圖」作為漫畫刊發於 1903
年的清國雜誌《俄事警聞》（後改
名《警鐘日報》），作者是興中會
會員謝纘泰。圖片中碩大的俄羅斯
熊，踏足東三省；日本是有着太陽
腦袋的小鬼，用絲線勾着台灣島；
英國在這裏被描繪為一條狗，其爪
子緊扣着華南；寫着「德國野心」
的圓形香腸圍繞着山東半島；法國
是一隻盤踞在越南的青蛙，其前爪
伸向中國的西南地區；美國鷹則立
足菲律賓，向着中國的方向飛來。
漫畫兩側的文字「一目了然」和
「不言而喻」表明列強瓜分清國的
意圖已經十分明朗。

望聯俄拒日，在生命盡頭與俄簽訂了著名的「中俄密約」，可是那不過是俄國的
一個大騙局，清朝得到的只是短暫的心理寬慰，而俄國才是實實在在的獲益者。

嚴峻的事實是，不爭氣的帝國沒有守住邊防——俄帝國不斷蠶食清朝邊疆，
遼闊的疆域竟被割去 100 多萬平方公里；也沒能守住海防——北洋水師幾乎全
軍覆滅，王朝疆土被日本割去台灣、澎湖列島。即使是帝國的核心之地，列強也
以租借之名肆意瓜分。本土難守，更不用談及周邊屬國，日本更是迫使朝鮮脫離
中國。

景光ノ壞破橋鐵ミ領占ヲ店蘭普ハ軍二第我

日露戰爭大捷紀念畫 第廿二號

May 1904 Japan seconds army preoccupation Furanden China and is picture to breaking the iron bridge every place

日俄戰爭宣傳畫

1905 年，日本軍方印製的浮世繪宣傳品，描繪了日軍第二軍團佔領普蘭店並破壞過河鐵橋的情景。

反映日俄戰爭的漫畫

1904年，日俄戰爭爆發，美國《冰球》
雜誌刊發了一幅反映日俄戰爭的漫畫。
畫中代表着俄羅斯的黑熊揮舞着一柄軍
刀，似乎在向列強進行宣戰。而清國則
坐在日、美、英等九國的後面，似乎是
一個所謂的中立者。這張圖表現了美國
人對日俄戰爭的看法。

The loss of Russian fleet of war vessels.

「彼得羅巴甫洛夫斯克」號沉沒

這幅浮世繪式的海報,展示了 1904 年日本聯合
艦隊的魚雷艇偷襲駐旅順口外錨地的俄太平洋
艦隊,俄旗艦「彼得羅巴甫洛夫斯克」號觸雷
沉沒的情景。

反映日俄戰爭的浮世繪

這幅畫描繪了日俄戰爭期間，日軍一支偵察隊
在平壤七星門外與俄軍激戰的情形。

參加遼陽會戰的日軍

1904 年 8 月 24 日，日俄遼陽會戰開始。日軍第一軍團的 13 萬多人，對俄軍東部集團軍實施兩翼迂迴，擊退了 22.5 萬俄軍。慘勝的日軍，在這次會戰中，創造了一個少數包圍多數的大膽戰例。他們只用了九天時間，就將遼陽的俄軍擊垮。

佔領漢城的日軍檢查證件

日軍軍官帽檐下的長髮與他們腰間的軍刀清晰可辨，這個曾經的清國
屬國，以新的主人的身份，發號施令。清國最幹練的官員袁世凱在朝
鮮監國數年，終於在甲午海戰大敗後，隨軍撤離。1910年，日本正
式吞併朝鮮，並佔領30餘年。

遼寧營口的清軍部隊

清廷雖宣稱「中立」，但實則暗中支持日本，並為其提供情報，營口
這支落後的清軍甚至直接參與了軍事行動，上海萬國紅十字會還秘籌
款項以對日軍進行撫恤。

俄軍炮兵與電岩炮台

電岩炮台坐落在旅順黃金山懸崖上，由清人所建。
日俄戰爭時期，俄軍在開戰前，對這座炮台進行了
大規模改造擴建，於炮台上面安裝了這種口徑254
毫米的海岸炮5門，57毫米炮1門。炮台長約200
米，寬約50米，在地下建有彈藥庫6間。安裝了
射程最遠的探照燈。戰爭開始後，這些巨炮執行偷
襲和「閉塞」旅順口軍港任務，對日本海軍聯合艦
隊構成了重大威脅。因為該炮台用當時的炮鏡從海
上觀察很難發現，故而日軍從海上發射了近千發炮
彈，沒有一發直接命中。戰後，這座炮台被日本人
稱為「百發不中」炮台。

1905 年的遼寧鳳凰城

日俄戰爭後，清國官員與日軍將士聯合為送別日本司令官而合影。

1905 年的大連旅順港

經過日軍將近一年的大圍困，是年元旦，俄守軍宣佈投降，被俘人數達32,000 人。日軍專為他們在旅順設置了戰俘營。俄軍戰俘似乎受到了以殘忍聞名的日軍難得的照顧，保證了這些戰敗者至少日有三餐。

1904 年的遼寧蓋平縣城門

矮小的日軍招募了大量的清國民眾做義
勇軍和後勤。那些趕着大車跟隨日軍的
清國國民，並不知道在自己的國土上展
開的這場戰爭有何意義。

作戰中的日軍山炮部隊

1905 年，在旅順口西的方家屯附近，日
軍山炮中隊正在向駐守旅順的俄軍要塞
開炮。旅順在 20 世紀初被各國認為是遠
東第一要塞。在 1894 年甲午戰爭期間，
日軍僅花費數天，以極小的代價攻克旅
順。然而在日俄戰爭期間，攻克旅順的
戰役持續了 5 個月，是日俄戰爭期間持
續時間最長的一次戰役。

IV 湧動

旅順日軍的洗澡盆

日俄戰爭期間，長期圍困俄軍的日本士兵，發明了一個在陣地上洗澡的土辦法：把甕埋在地下，用柴火燒熱，然後跳到甕裏洗澡。

俄軍官兵與日軍戰俘的合影

日俄戰爭雖日軍慘勝，但俄軍也俘獲日軍將近萬人。

..Our soldiers conveying wounded Russi[
soldiers to Red Cross Hospital at Chemul[

救治俄國傷兵的明信片

1905 年，一張日本舊明信片講述了一
則俄國傷兵得到日軍人道主義救治的故
事，儘管事實上可能並不是如此。根據
明信片上的描述，這一幕發生在朝鮮的
濟物浦（今韓國仁川港）。朝鮮人正在
觀看日本紅十字醫療士兵扶着長有大鬍
子的俄國傷兵。

日本成為東北亞霸主

日本在令人驚訝地戰勝了清國的海軍後，又在東三省的土地上戰
勝了俄羅斯，確認了日本作為東北亞霸主的地位。日本種族主義
的自負與對於敗者的自信，在戰爭後不久刊登的一張單板木版畫
上展露無遺。這幅名為《日本權力的寓言》的漫畫上，一個日本
浪人身着短外罩大衣，腳上是白色布襪和木屐，蹬倒一個畏縮的
清國男子和一個俄羅斯人。

入侵西藏的英軍將佛堂改作食堂

　　英國在 1849 年征服印度之後，曾試圖侵藏受阻，但把清廷的藩屬國錫金、不丹和尼泊爾盡收囊中。

　　西藏在清國的版圖中是相對獨立的一片區域，即使晚清很多官員都意識到要遷移內地的漢人到邊疆開墾土地，卻惟獨想不起來海拔數千米的高原藏區。所以，一旦西藏也被入侵，將成為清朝疆域全面危機最好的證明。

　　為了搶在俄國前面，英軍已經迫不及待地要入侵西藏。英國派遣了兩名錫金間諜奔赴藏地偵察，但被西藏本地官員抓獲，官員們拒絕了英方盡快釋放的要求，這成為英國入侵西藏的藉口。英軍 3,000 人馬在 1903 年 12 月向西藏進發，一路上高原反應、疾病和寒冷折磨着他們。首戰在一個叫曲美辛古的地方展開，英軍首領榮赫鵬（Francis Younghusband）狡猾地提出談判，並說藏軍應將火槍點火繩熄滅，以示誠意。當藏軍照辦時，英軍突然開火，藏軍因點火繩熄滅無法還擊，數分鐘內被射殺 500 多人。

　　西藏的落後條件很難抵禦擁有現代化裝備的英軍。在江孜保衛戰中，藏軍和民兵甚至只能用石塊阻擋英軍攻城，英軍用了 37 個小時佔領該城，他們不僅肆意搶奪寺廟的財物，還將佛堂改作食堂，將轉經筒釘上釘子改成食品輸送帶。

　　英軍入侵一路上大大小小有十次主要戰鬥，之後西藏防線基本瓦解。1904 年 8 月 3 日，英軍士兵進抵西藏首府拉薩的街頭。西藏的宗教領袖十三世達賴提前逃離。

　　9 月 7 日，西藏掌握政教大權的攝政甘丹赤巴・洛桑堅贊，在英軍高壓和清廷駐藏大臣有泰的催促下，與英軍簽訂了《拉薩條約》。條約將西藏約定為英國的勢力範圍。不過英國的「吃獨食」行為備受各國議論，尤其俄國聲稱如果清廷批准，則會盡收庫倫、新疆等地方事權。清廷拒絕承認《拉薩條約》，不過 1906 年同英國簽訂的《北京條約》依然確立了英國在西藏的各種特權。

中國革命大本營駐紮在東京

日本對於中國的意義，是他們一邊加緊同化清廷，一邊培養革命派，至少不反對革命者在日本從事反抗清廷的行動。

日本不僅與中國的立憲派和革命黨有着政治層面和思想層面的內在聯繫，而且夾雜着千絲萬縷的個人友誼和團體交往。

經濟貿易的進一步發展，中日關係的融合，似乎都是在為革命的發生埋下伏筆，但日本依舊能引發中國高漲的民族主義。美國報紙那篇著名的《中國長年睡夢似乎將醒》的長文報導：在一些問題上，中日唇齒相依。學習日本的中國，也是日本覬覦利益的對象；日本給了中國革命以曙光，也挑起中國人日益增強的民族思想和反列強情緒。

1905 年 2 月，來自倫敦的《每日電訊報》（*The Daily Telegraph*）消息稱，日本正準備在戰後致力於成為北京最主要的「顧問」。

1905 年清廷廢科舉，出國留學生數量急劇增加，1906 年留學日本的中國學生約 6,000 人。日本的社會思潮在影響留學生的同時，也影響着中國的現代化，一個明顯的例證是中國社會代表進步思想的諸多詞彙都來源於日本。

日本成為反清人士理想的避難場所，而且他們常常能夠得到日本上層人士或者高級官員的秘密會見和關照，甚至有日本人士極力撮合康有為和孫中山的合作，不過對於固執的康有為來說是枉費心力，康有為還誣陷撮合他們的宮崎滔天為刺客。

日本人宮崎滔天畢生支持中國革命事業，被孫中山稱為「俠客」。宮崎滔天把自己的家經營成了「中國革命人士駐日驛站」，他不斷地結交中國革命黨人士，還向他們互相引薦。他還常常作為孫中山的助手，把自己的一生和中國革命緊緊地聯繫起來。經過他的介紹，1905 年 7 月，孫中山拜訪了另一位中國革命家黃興。

被移民局扣留的孫中山

清國在美國通緝孫中山與其他革命黨
人，孫在親友勸說下，於 1904 年 3 月
14 日申領「夏威夷出生證明書」。在申
請表中顯示他是 1870 年 11 月 24 日出生
於夏威夷歐胡島。孫中山自此不僅能自
由出入美國，還獲得了美國公民身份。
但在 1904 年 4 月 7 日，當孫從夏威夷乘
「高麗輪」在舊金山上岸時，卻被美國
移民局扣押，囚禁在碼頭的一間小木屋
中多日，並被判決原船送回夏威夷——
此係清國駐美使館所為。

黃興是一個革命實幹家，因其
在國內組織華興會、運動新軍，打算
趁着慈禧太后生日時，把在統治集
團的高級官員們一窩端全炸死，繼而
起義。可惜計劃洩漏，黃興被清廷緝
捕，只好逃亡日本。

在此之前，孫中山和黃興彼此仰
慕但素未謀面，自此之後，他們二人
被並稱「孫黃」。兩人相見，黃興高
興得半天說不出話。不過愉悦的第一
次會面很快變成充滿火藥味的爭吵，
兩人縱論革命道路，彼此爭論到拍桌
子瞪眼睛，末了，黃興笑說：「孫先
生，我服你了。」

孫中山、黃興走到一起，極大促
成了革命團體的大聯合。1905 年 8
月 20 日，中國同盟會成立大會，會
址選在東京赤阪區日本友人坂本金彌
的住宅內，到會者超過 300 人。會
上，黃興提議：「公推孫中山先生為
本會總理，不必經選舉手續。」孫中
山作為革命第一領袖，眾望所歸。

在同盟會機關刊物《民報》第
一期上，孫中山親自撰寫發刊詞，第
一次公開地、系統地闡述了「三民主
義」，這是革命派一面充滿力量的思
想理論旗幟。

青年汪精衛的論戰、刺殺和愛情

立憲派和革命派都以日本為據點。同盟會成立後，創辦了自己的言論機關報《民報》。

立憲與革命之不同主要在於：前者是改良，保留皇權象徵，實行君主立憲政體；後者是暴力，推翻舊王朝，徹底捨棄皇權統治，實行共和政體。實際上，他們都對清廷現狀有着強烈的不滿，梁啟超雖然妙筆生花，但是革命思想已經在留學生青年中薰染已久，大家都看不清楚暴力會帶來甚麼後果。

雙方針鋒相對，筆戰不休。立憲派一方梁啟超一人獨當一面，同盟會汪精衛、胡漢民、朱執信、汪旭初等輪番叫陣。值得一提的是青年才俊汪精衛。祖籍廣東的汪精衛是公費留日學生，年僅 22 歲的他跟隨孫中山的革命事業，成為同盟會成立時的骨幹，任評議部部長。在論戰時，用筆名「精衛」，取「精衛填海」的典故，其文章邏輯嚴密，筆鋒銳利，頗有影響。

東南亞富商之女陳璧君這時候常看汪精衛的文章，在汪精衛隨孫中山去東南亞進行革命活動時結識了他。再後來，陳璧君毅然逃婚來到日本，到《民報》編輯部幫忙，和汪精衛在一起工作。而編輯部裏的窮人們，頓時多了一棵搖錢樹，能夠常去高級飯店聚餐暢談。陳璧君日益傾心於有才有貌的汪精衛。

革命派逐漸在論戰中佔了上風，可是到 1908 年歲末時，國內的六次革命武裝起義相繼失敗，革命行進到艱難時刻。梁啟超在《新民叢報》趁機大肆宣揚革命黨領袖都不過是「徒騙人於死，己則安享高樓華屋，不過『遠距離革命家』而已」，不久輿論矛頭指向孫中山。同盟會內也出現分裂，革命再入低谷。

這時候孫中山的堅定追隨者汪精衛站了出來，毅然要回國刺殺清廷高官，用自己的生命來證明革命黨的領袖都是好樣的。1910 年 3 月，汪精衛秘密回國，精心準備後，與喻培倫、黃復生決定刺殺攝政王載灃，不過，一個可盛四五十磅炸藥的「鐵西瓜」（炸彈殼）被人意外發現，結果是刺殺不成，幾個人都被抓進

了監獄。汪精衛料定必死無疑，慷慨書寫千言「供詞」，歷數清廷罪惡，並預告清廷必亡。

　　如果熱血青年此時就義，他的歷史形象一定會是另外的模樣。革命同志積極營救汪精衛，最用力者乃陳璧君。相隔牢牆內外，陳璧君真情表白，言及雖然不能在形式上舉行婚禮，惟願在心中宣誓為夫婦，汪精衛磕破手指，用血回覆「諾」。汪精衛最終因清廷大赦政治犯而出獄，他的事蹟早已為海內外義士所心折。

在加州鷹岩訓練的「保皇會」士兵

1904 年 11 月，加州鷹岩，一位叫作荷馬・李（Homer Lea）的美國人正在指揮康有為、梁啟超所成立的「保救大清光緒皇帝會」的「維新軍」士兵進行野外訓練。他因支持康、梁的保皇活動，被「保皇會」總會長康有為封為「大將軍」。這位大將軍奉命成立了一家民間性質的「西方軍事學校」。

上海外灘的新海關大樓

這座 1893 年建成的西方教堂式關署大樓，由英國人設計，
泥瓦匠出身的浦東人楊斯盛工程師承包建造。海關大樓外
部建築和內部設備考究，有轉欄、石獅、鐘樓、避雷針、
暖氣和寬敞的報關大廳。楊斯盛因此成名，19 世紀下半葉
上海市有多棟高層房屋皆由他總承建。但這座海關大樓僅存
35 年，即被拆除重建。

天津老龍頭鐵橋竣工

1904年1月9日，天津法租界與老龍頭火車站之間的老龍頭鐵橋竣工。一艘載滿棉包的貨船從橋下駛過。這座橋設有四孔，採用可變高度的連續鋼桁架，中間設有兩孔，橋寬8.4米。在這座當時最先進的平移開啟式跨橋上，天津藍牌有軌電車橫穿而過。這座花費了25萬法郎、僅為了法租界與火車站之間的交通而興建的鐵橋，曾被當時駐天津的外國人稱為「國際橋」，它是袁世凱的新政府與天津法租界合作的象徵。1927年，這座鐵橋顯然無法再負擔天津的繁華，故在這座橋的附近興建了一座留存至今的「萬國橋」，舊鐵橋隨即被拆除。

澳門殘存的大三巴牌坊

大三巴牌坊是澳門最具代表性的名勝古
蹟,為 1637 年竣工的聖保祿大教堂的前
壁。教堂於 1835 年遭大火焚毀,僅遺教
堂前的 68 級石階及花崗石建成的前壁。
這張攝於 1904 年的照片中男子頭戴嶺南
竹編遮陽帽,站在陽光下的台階上。

IV 湧動

重建後的聖約瑟教堂

北京聖約瑟天主教堂在被毀四年後，由法國人和愛爾蘭人用庚子賠款於
1904年重建。重建後的東堂完全恢復了義和團運動之前的形制與規模，
至今仍然矗立在王府井大街上。1900年6月13日，義和團團民將其燒
毀，在堂內避難的一批教民也被燒死。

九江十里鋪橋

在通往廬山路上，有一座線條優美的半圓形拱橋，它的曼妙身姿成為西方明信片裏的常客。

天津法租界的拉洋車腳夫

法租界是天津租界中大型公共建築最為
聚集的地方，與英租界毗鄰，著名的勸
業場、西開教堂等均坐落於此。因位於
天津紫竹林附近，亦有「紫竹林租界」
之稱。在天津的法租界自 1861 年起共存
在了 80 餘年。

江蘇鎮江的一座
佛教山寺

僧人們第一次面對鏡頭，
似乎有點手足無措。

外交人員閱讀《大公報》

這份報紙於 1902 年 6 月 17 日，由信奉天主教的滿族立憲黨人英華在天津創辦。該報以敢言著稱，創刊時即發文要求慈禧太后歸政，一時引發轟動。駐華外國人士大多讀《大公報》，藉以了解時事民生。

京漢鐵路上的一個小站

一列客車進入站台後，做生意
的小販將各種吃喝用品，甚至
將餛飩小爐也擺到了客車的邊
上。這種景象直到 20 世紀末還
存在。

杭州近郊農村的婦女兒童

照片中的一位女性衣服下放着一種取暖用的竹火籠。這種竹火籠類似現代的熱水袋，在籠中放入陶盆，盆裏加入木炭，然後把竹籠放在寬大的衣服裏，就可以抵禦南方的嚴寒。

清國少年吸煙的明信片

1903 年，一張寄自大清國都城北京的明信片上，一位少年在極具儀
式感地吸着長煙。一位半跪着的少年正在幫坐者摁煙草，另一位則
聚神凝視。明信片上寫着四個漢字：初練吸煙。遠居北京城的洋人
們在通信的時候，喜好把他們看到的清國奇異的一面，比如刑場殺
人、戲台或者穿着奇異服裝的官僚，包括這種少年擎長煙袋吸煙的
行為，作為對這個國家認識的一部份，製作成明信片寄回國內。儘
管這可能有着一種炫耀或者獵奇的成份，但事實上，在清國，這種
沉醉麻木的狀態，以及允許少年吸煙的行為，則更像是晚清走向不
可救藥的麻木墮落的儀式。

1903 年，北京的修腳師

這些修腳師不單可以提供剪腳趾甲等簡
單的服務，同時還會挑雞眼，是流動
的腳醫。這張照片畫面生動有趣，把修
腳師的認真、顧客的信任表現得淋漓盡
致，尤其是從破敗的門窗上伸出頭的老
者，口含大煙袋，平靜地欣賞修腳師的
技藝，為整幅照片增添了一絲趣味。

北京的古董商

1903 年，北京街頭一位古董商正在街頭賞玩一隻景泰藍瓶子。他身前攤開的布上，放着幾隻他收來的古物。戰亂並不能阻止古董商對於古玩的熱情。

清末北京的運水工

兩位運水工推着一輛運水車，沿街送水。這種古老的職業在沒有自來水的時代，一直都是重要的存在。

北京一位值夜更夫

打更在中國是一門古老的職業。更
夫每天夜裏敲竹梆子或鑼，告知人
們現在是甚麼時間，也提醒人們防
火、防盜。這位姓王的旗人身穿破
羊皮襖，手持竹梆，張大嘴巴，估
計在喊：關好門窗，小心火燭！

上海街頭賣花木的小販

這張照片被製作成上海風情主題
的明信片，寄給了美國明尼蘇達
州的詹姆斯小姐。

關在木籠子裏的犯人

木籠子外寫着這名犯人的罪狀。這是一
種體罰兼羞辱的刑罰。

北京燈市口公理會教堂

教堂旁邊就是著名的貝滿女中，這座北京最早的西式女校，係創辦人貝滿夫人（Eliza
Jane Bridgman）為紀念其亡夫、公理會傳教士裨治文（Elijah Coleman Bridgman，又
名貝滿），於 1864 年出資在燈市口大鵓鴿胡同 14 號，建成的一座主要接收窮人家的女
孩和街頭乞討女童的、規模較小的「貝滿女塾」。貝滿夫人退休後，由美國公理會接手
經辦，博美瑞（Mary Harriet Porter）任校長。1895 年，該校開設四年制女子中學，定
名為「裨治文中學」，當時招收 72 名女中學生，第一屆學生 1899 年畢業。義和團時期
校舍被焚毀，三分之一學生被殺，其餘學生逃入英國駐華公使館，後來又集中到一處臨
時房舍上課多月。1901 年，博美瑞返回北京，歷經三年，重新建成一座曲尺形教學樓及
輔助設施，校門直通燈市口大街。

正在禱告的中國人家

據圖下方法語說明可知，拍攝地點是在西貢（今越南胡志明市）。影室中有《集字聖教序》聯「若以空花觀我相，須（早）知明月是前生」相配，頗為有趣。1859年前，越南曾為中國藩屬國，有大量中國移民居住，後成為法屬殖民地。

天津行禮的兒童

一個束着小辮子的清國孩子，舉手敬禮。他在模仿附近正在訓練的租界士兵。

紐約街頭華人遊行

1903 年，紐約街頭華人用中國傳統的舞龍來慶祝美國
獨立日。騎馬遊行的男子頭戴一頂明代官帽，似乎與
清國有着遙遠的抗拒和陌生感。1776 年 7 月 4 日，大
陸會議在費城正式通過《獨立宣言》，標誌着美利堅
合眾國的誕生。獨立日遊行活動深刻展示了根植於美
國的政治自由，而舞龍文化也隨着移居世界各地的華
人華僑傳播開來。

清末的一張全家福

高大的妻子擁有一雙引人注目的小腳，她站在中間。比她個子矮小的先生則站在另外一邊，而他們的女兒似乎沒有像母親一樣，去纏一雙畸形的小腳。1902 年 2 月初，慈禧太后頒佈勸戒纏足的懿旨：「漢人婦女，率多纏足，由來已久，有傷造物之和。務當婉切勸導，以期漸除積習。」由於清廷的公開提倡，晚清社會的「不纏足」運動蓬勃發展，這才使得那些飽受纏足戕害的女性同胞得以解放。

華人女孩在攝影館拍照

1904 年，兩位華人女孩在美國密蘇里州聖路易斯市（St. Louis）的攝影館拍下了這張照片。照片上的姐姐梳着一條長長的假辮子，這條辮子上半部份是黑色的，下半部份則續接了金色的頭髮。她們按父親的吩咐，打着一柄花傘。她們並沒有纏足，只是踩着一雙滿族婦女常穿的「朝天蹬」鞋。聖路易斯市的華人有近萬人，他們有着自己的社會與傳統，身在美國卻仍然生活在「遙遠的清國」裏。

清末瑪薩拉酒進入中國

這幅「頂好」的瑪薩拉酒（麥色拉酒）廣告中，模特健康、逗趣，誇張地做出手中這碗米飯很香的樣子，圖片的左上角是一位姓高的經理敬告要記住這個牌子的祝詞。在當時的中國，洋風漸進，洋人的營銷手法也被引進。而這個華人為主角的瑪薩拉酒廣告，也被好奇的洋人製作成明信片，寄給了自己的朋友。

「洋儒生」駱檄訪問濟南

1903年4月，應山東巡撫周馥之邀，英轄威海衛租借地行政長官駱
檄（James Stewart Lockhart，又名駱克）首訪濟南，山東巡撫周馥
與駱檄及其隨員在巡撫衙門的合影。駱檄在濟南受到了前所未有的
13響禮炮、1,500名士兵列隊致禮、山東巡撫親自迎接並派專門衛隊
保護遍遊濟南名勝的禮遇，這在英軍歷史上前所未有。駱檄通曉中國
語言，是有名的中國通，號稱「洋儒生」，他「篤信」孔孟學說，
喜歡搜集中國繪畫、錢幣和工藝品，先後編著有《從遠古到1895年
的遠東通貨》（*The Currency of the Farther East from the Earliest Times
Up to 1895*）等書。這個洋儒生與歷任山東巡撫互動良好，在山東贏
得了巨大的「面子」。

新聞記者沈藎被殺

沈藎原為自立軍起義領袖之一，兵敗後
入京。因在天津英文版《新聞西報》發
文揭露了慈禧太后欲與沙俄締結《中俄
密約》的賣國條文，使得簽約計劃成為
泡影，此舉激怒慈禧，並為沈藎惹來殺
身之禍。沈藎被刑部殘酷地執行杖刑，
打至 200 餘下，已血肉橫飛，骨裂如粉，
猶未至死，最後被繩子勒死。英國記者
莫理循為了表達對沈藎的尊重，在沈藎
送他的照片背面手寫英文「沈克誠（沈
藎原名克誠），杖斃，1903 年 7 月 31 日，
星期五」，以紀念清國新聞史上第一位
為理想而獻身的新聞從業員。

孔子 76 代嫡孫孔令貽公爵

孔令貽一生兩次參與復辟，是生活在新
時代的舊人。1915 年，袁世凱圖謀復
辟帝制，孔令貽積極參與籌安會活動。
1917 年，溥儀復辟，孔令貽發電致賀。

駱檄拜訪孔廟

1903 年，英國駐威海衛專員駱檄（又名駱克）拜會孔
廟時贈送的橫區。「不亦樂乎」四字出自《論語》。

上海警察檢查入城的民眾

1904年，在上海破舊的民居房屋包圍的
城門前，一隊着黑衣的警察，在檢查經
過城門的民眾。他們平頂帽下的長辮，
仍然顯示着清國的存在。

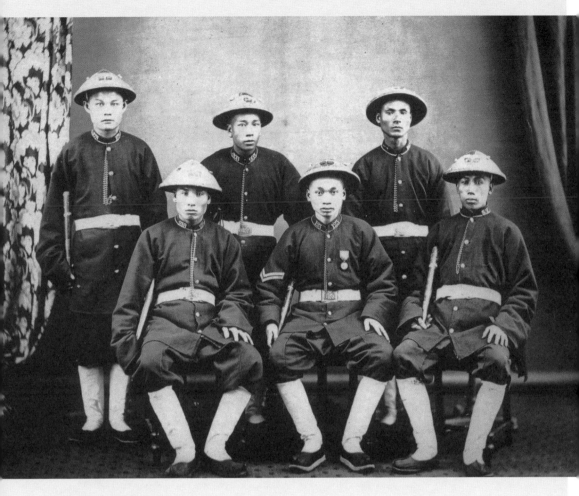

六位香港華人警察

他們頭戴清國傳統盔帽，不過辮子在加入警隊時就被剪去了。1844 年 5 月 1 日，香港即成立殖民地警察隊，通過首條警察法例，授予警務人員執行任務的權力。首家差館（即現今的警署）為大館，初始警員皆為外籍。1862 年，警察隊從本地招募華人警員。至 1903 年，香港的華人警員已佔 40% 之多，是亞洲僅次於馬來西亞歷史最長的警隊。

IV 湧動

日本駐台官員乘轎下鄉巡察

1895年，據《馬關條約》，日本派軍前來接收台灣，台民氣憤不
已，誓不事倭，各地紛紛組建義軍進行抵抗，原駐台灣總兵黑旗
軍名將劉永福留守台南指揮全域。5月間，日軍登陸基隆，十天
後即佔領台北城，並以為幾日便可攻陷全島，不料大軍南下不斷
遭受義軍阻擊，行至嘉義，日軍被迫停止軍事行動以便從本土增
兵，至10月始佔領台南。日軍前後花了半年的時間才攻下全台，
台民反抗之激烈可見一斑。這張照片拍攝於1903年，從中可以
看出日本人的作威作福和台灣人民所受的苦難。

上海租界裏的混合法庭

主審官是清廷官員，但旁聽監判的卻是租界內各方勢力的代表。
這種混合法庭最早建立於 1869 年，上海道同英國、美國駐上海
領事訂立《洋涇浜設官會審章程》十條，經修改於同治八年三月
初九（1869 年 4 月 20 日）公佈生效，總理衙門和公使團核准實
施，會審公廨正式成立，俗稱「新衙門」。

晚清的兩江總督府

1903 年 8 月 18 日，兩江總督魏光燾遍邀駐南京各軍政
大員及外國洋務人員，舉辦萬壽節之午宴，後在總督府
西花園石舫上留影。照片中諸官員，均應例着花衣，以
慶清國皇帝萬壽賀期。魏光燾在張之洞於 3 月調往學部
後，繼任兩江總督。這個職位是清國九位最高級的封疆
大臣之一，總管江蘇（包括今上海市）、安徽和江西三
省的軍民政務，官秩從一品。九年後的 1912 年，孫中
山在這裏宣誓就職，總督府改為大總統府。

晚年的張之洞

1903 年 5 月 14 日，身為兩江總督的張之洞奉旨進京，行至保定府與英
軍高官合影。照片中的張之洞（前左四）已着夏裝，頭戴白色涼帽，
紅纓子垂在肩後，一把美髯飄逸胸前。莫理循在 1895 年出版的《一個
澳洲人在中國》（An Australian in China）一書中，稱其「雖然是中國
所有總督巡撫中排外情緒最強烈的一個，然而在大清帝國中卻找不到
一個人像他那樣僱用了那樣多的外國人⋯⋯他把任官期間所得的大筆
收入用於開發利用他管轄地區的資源⋯⋯張總督花錢如流水，他或許
是中國唯一離任時一貧如洗的大臣」。

福州旅港同鄉會成員與來訪洋商合影

福州商人早在香港開埠時即在港經商落戶，這種同鄉會大多推舉商戶中德高者居首，創立初期，主要是敦親睦誼，或調解同鄉之間的糾紛等。

"I'M FHROUGH WITH DAT BOY. HIM TOO VELLY SLOW."

"IT'S VELLY NICE TO BE CHASED. BUT WHY DOESN'T HE CATCH ME?"

"MYSELF VELLY SORRY. NO POSTCARD NO BOY, NO NOTHING!"

繪有清國孩子的明信片

這是 1903 年英國人繪製的關於清國兒童的明信片。第一張明信片上的小男孩着一套滿族服裝，他的小嘴紅潤，雙手背在身後，頭挽一個可愛的髮髻。神情生動，有着一點點的小驕傲。第二張描述的是小男孩被影子追趕的情景。而第三張圖片上則是一個受盡委屈的小男孩。他的雙手攏在袖裏，神情落寞。駐清國的各國西洋人士，對於這裏的一切都充滿着好奇，當然，除了極少數的人可以拍攝照片，寄到遙遠的故鄉外，更多的則是繪製各種對於清國事物的獵奇的明信片，比如當街砍頭、長辮、裹小腳，但這樣充滿生機、不帶歧視的兒童明信片則極為罕見。

莊士敦在曲阜

1904 年 8 月，莊士敦（Reginald Fleming Johnston）與登州府知府羅忠銘護送英王愛德華七世（King Edward VII）肖像到曲阜。這幅肖像裝在帶有雕刻花紋的精美鍍金框架中，外面是一個帶有皇家字母組合圖案和雕刻花紋的精美匣子。在莊士敦到達後的第二天，愛德華七世的照片便在一大群人的護衛下，行進在這座城市的街道上。次日，衍聖公邀請莊士敦共進晚宴，這種款待甚為少見。孔府的廚師都是有名的廚藝高手，席上有「燕窩魚翅和各種豐富的酒類」，客人非常喜歡這次精美的晚宴。莊則於 1919 年進入紫禁城教授溥儀英語、數學、世界史、地理，曾獲封「一品頂戴」、「毓慶宮行走」，成為「帝師」。

A MERRY CHRISTMAS AND A HAPPY NEW YEAR.

發財　恭喜

上海寄往英國的聖誕卡

這張聖誕卡的頂端是愛德華七世和亞歷山德拉王后（Queen
Alexandra）的畫像。當然，製作者們同樣把威海衛、上海的外
灘、南京的石象以及皇家海軍的艦隻等集中在了這張圖片上，顯
示清國與英軍佔領者的風情。奇妙的是，在這張卡片的下面，還
印了一行清國人的吉利話「恭喜發財」。

V

1905-1907 激變

1908 年，南京，一處曾經可以改變這個國家貧民命運的科舉考場遺址

科舉或者說公務員考試制度的建立，是為了選拔本地的人才為帝國的官僚體系服務。理論上講，任何符合條件的男性都可以參加縣、省和國家級別的考試，然後成為政府的公務員。但實際上，備考時的巨大開銷讓參加考試的候選人局限於當地的名流精英。這些艱難的考試要經歷很多天。1905 年皇帝廢除了科舉考試。在科舉考試中，雄心勃勃的考生們需要在小格子間中小心翼翼地寫法度森嚴的「八股文」，這些千篇一律的文章，是他們可能高中之後的財富和榮譽。

「戊戌變法」升級版施行第五年

被八國聯軍趕出紫禁城的慈禧在西逃路上，讓光緒下《罪己詔》，先把黑鍋背起來。

這份《罪己詔》沒有停留在皇族自我檢討罪過的表面，它指出王朝的高級官員應該立即行動起來，參酌中西政要，無論是朝章國故、吏治民生，還是學校科舉、軍政財政，該如何拿來借鑒要各抒己見，盡快實行變法。這幾乎是「戊戌變法」中《明定國是詔》的升級版。

清廷下令成立了以慶親王奕劻為首的「督辦政務處」，作為籌劃推行新政的專門機構，任李鴻章、榮祿、昆岡、王文韶、鹿傳霖為督辦政務大臣，劉坤一、張之洞（後又增加袁世凱）為參與政務大臣，總攬一切新政事宜。為響應上諭，兩江總督劉坤一、湖廣總督張之洞擬定《江楚會奏變法三摺》，拉開了綿延晚清最後十年最主要的一場新政的帷幕。

《江楚會奏變法三摺》主張穩健改革，第一摺強調培養人才，建立新式學校，改革科舉制度；第二摺提議停止捐納實官，裁撤屯衛、綠營等；第三摺主張官員出國考察，編練新軍，制定有關礦業、商業、鐵路的法律和貨幣制度，翻譯外國書籍等。1901 年到 1905 年，清政府連續頒佈了一系列新政上諭，基本以《三摺》為藍本。

1905 年，到了清末新政的第五個年頭，有哪些成果？清廷內部不斷裁撤舊機構，但是同時又有新的機構產生。統治集團內部的權力再分配引起不斷的黨爭，到新官制改革時達到頂峰，極大地耗掉了改革的士氣和元氣。新政策執行頗多掣肘，難以落到實處。1905 年 7 月的上諭也承認，實施新政「數年以來，規模雖俱，而實效未彰」。

清末新政中的最大成果是興新學和鼓勵商業。這在客觀上使得清王朝也搭上了走向現代化的國際班車。私人資本給社會注入了活力，培養了資本家群體，新

知縣劉煥光在祠堂默思靜拜

在清國的傳統中，家族祠堂是存放一個姓氏血脈的光榮與淵
源的地方。劉煥光在光緒二十四年（1898）參加科舉，登進
士三甲第 74 名。同年五月着交吏部掣籤分發各省，以知縣即
用。劉上任在即，先回福州家鄉祭祖。

學哺育了具有新時代精神的年輕人，古老的王朝被注入了新鮮的氣息。

深度的改革映射到社會上，則充滿了五彩斑斕的細節。滿漢可以通婚，穿着寬闊大短褲的警察接管京城巡防，京津街頭還安上了電燈，令人聽之就毛髮悚立的清末酷刑被廢止，高級官員能夠享受到洋人按摩和會所式的服務，習慣了跪拜的王朝也有了時髦的握手禮，就連慈禧太后也開始在她寬闊豪華的後宮裏舉行西式宴會，宴請駐華使節夫人們。

沿用 1,300 多年的科舉制壽終正寢

統治者認識到了自己的王朝已經是強弩之末、風雨飄搖，迫切地一口氣推出了很多新政策，這期間有一項措施如果放在更為寬廣的歷史視野裏去查看，重要性並不亞於其後結束清王朝開啟民國的辛亥革命，而且幾乎應該與著名的「五四運動」並稱為 20 世紀初中華大地上具有劃時代意義的文化事件，那就是廢科舉。

科舉創自隋代，至此已歷千年，其鑲嵌於中國文化之深，就如同它所堅持的孔孟之道被國人信奉之深一樣。科舉制度是中國古代社會所能想到的最好的人才選拔制度，至於頗為後人詬病的八股考試則主要是指其過份局限的考試內容。

清末新政一開始就有「舉新學」一項，與科舉相容於一個屋簷下大約五年，在內容上、制度上彼此相斥，由於科舉出身者可成為官員，對於推行新學是很大的阻礙，統治者遂決定下狠心捨棄科舉制。

1905 年 9 月 2 日，朝廷詔准袁世凱、張之洞奏請停止科舉，興辦學堂的摺子，下令「立停科舉以廣學校」，使在中國歷史上延續了 1,300 多年的科舉制度被最終廢除，學校教育與科舉取士實現了徹底的脫鈎。

廢除科舉讓無數的舉人、秀才失去了未來，他們再也不能夠通過考試進入拿

國家薪俸的官員隊列裏去，這等於砸了讀書人的飯碗，從此他們只能紛紛投身於動盪社會的三教九流中，事實上他們當中很多人成了革命人士。廢科舉等於重組了社會結構，對晚清政局有重要影響。

伴隨廢科舉，清朝統治者設立了全國學堂事務的管理機構——學部，在各地籌辦新學堂，使得新學教育鋪展開來。另外，在已經向外派遣留學生的基礎上，再督促各省籌集經費選派學生出洋學習，對自備旅費出洋留學的，與派出學生同等對待。為統一管理留學生工作，清政府分別在 1902 年 10 月 31 日和 1906 年 10 月 2 日向東洋和歐洲派駐總監督。

北洋軍會操組委會發明「方便米」

八國聯軍攻陷北京城時，他們面對的是手持弓箭、雙刃劍和牛皮盾的清國勇士。不管是政府的兵勇還是義和團勇士，他們都裝備簡陋，但有充足的氣魄，甚至戴着醜陋的面具，發出令人毛骨悚然的狂吼。但那時候的舊式軍隊只是空有氣魄，不過現在，大清國的練兵方式已經大不同了。

編練「新軍」是清政府「新政」的主要內容之一，於 1903 年 12 月 4 日設立練兵處，實權為袁世凱所掌握。袁抓住「練兵」、「籌餉」兩項要政，奏請撥款 100 萬兩，編成北洋六鎮。同時，還擔任參與政務、督辦關內鐵路等要職，羽翼遍佈朝廷內外，死黨分據要津，成為左右朝政的又一權臣。

1905 年陰曆六月，袁世凱督練的北洋新軍六鎮正式成軍，清廷決定舉行一次大會操，以壯國威。各國使節、武官、記者夾雜着間諜蜂擁而至。由於人員太多，修葺一新的接待府衙人滿為患，一些人只好住在滿是蝨子跳蚤的小客棧。為使軍人吃飯方便，相當於臨時大會操組委會的閱兵處還研製了一種行軍蒸米。他

們把上等大米淘淨，以水浸泡 50 分鐘，乾濕相宜後再用蒸籠蒸熟後陰乾。需要時用水泡 20 分鐘後即可食用，被稱為「方便米」。

洋人們突然發現，這支袁世凱麾下的七萬常備軍如此軍容嚴整、裝備精良。尖簷的軍帽，卡其布軍裝，質地優良的陸戰靴，還有威風凜凜的毛瑟槍。他們學會的不僅是如何使用洋槍洋炮，還有如何對抗。大清國其餘 18 個省也陸續建立了這樣的軍隊，總數近百萬。不過這些精壯的士兵，並非由朝廷供養，這也是區別於舊式軍隊極為重要的特點。

曾國藩的湘軍、李鴻章的淮軍，已經開始明顯帶有私人軍隊的性質，糧餉層層下發，命令層層傳遞，兵只聽將命，將只聽帥命，而且一旦換了將帥，馬上指揮不靈。清末新政中，各地督撫籌款練兵，這其中，實力最強大者當屬北洋六鎮，也可以說是袁世凱。

袁世凱以兵起家，籍貫河南項城，字慰亭，家族殷實有權勢，早年投靠淮軍將領吳長慶，拜吳門幕僚張謇為師。隨軍入朝鮮時，得朝廷重用，初顯軍事才能，但真正聲名鵲起卻是在天津小站練兵，袁世凱以德國軍制為藍本，制訂了一套完備的近代建軍方案，起用了天津武備學堂畢業的馮國璋、段祺瑞、王士珍、曹錕、盧永祥等，他們也是北洋六鎮的骨幹將官，「小站」這個名不見經傳的小鎮，成為中國日後各自雄踞一方、相互征伐不已的軍閥武夫們的搖籃。

到北洋六鎮初練成，清廷中並非沒有人看出袁世凱權傾朝野、野心勃勃，必將威脅王朝安寧，但朝廷上下，能懂兵事，又兼知洋務，更身體力行者惟此一人，慈禧太后還指望着他再興王朝大業呢。

清廷內部向來權鬥激烈，但袁世凱不同時期卻得到李鴻章、翁同龢、榮祿、張之洞、奕劻等權臣的一致認同和保薦，寫史者多歸納為袁善於巴結奉承，不惜重金，對人心揣摩細緻入微。但善於巴結權貴者遍地都是，為何晚清和民國交錯的歷史上，惟袁世凱一人站在各種勢力交錯的中心點上，歷史一再出現「非袁莫屬」的局面？

1905 年，一支北洋新軍部隊正從北向南通過北京公安街

從走在最前面旗手所舉的旗子來看，這支部隊是步隊左翼第一營，統帶為段
芝貴。袁世凱督建的北洋新軍，主要由北洋武備學堂畢業生和淮軍舊部組
成，他們採用德國的訓練方法，而軍裝樣式則借鑒了當時的日本。從照片上
可以看出，無論是帽子、上衣、綁腿還是肩、領章的樣式，都是仿效日本。

北洋新軍的一鎮軍官

北洋新軍軍官的裝束要比士兵繁複得多，長長的上衣，插着纓束的帽子。袁世凱編練新軍時，在《練兵處奏定陸軍營制餉章》中，專設「軍服制略」一項，明確提出改革軍服的方案，其中第一條就是「窄小適體，靈便適宜」，但是顯然高級軍官的服飾不受此種限制。當軍官經過，兩旁的士兵都立正行禮。

一份 0.5 美分的黃色新聞小報

社會上的緩步開放可以從這時候的報業發展看出端倪。1906 年，美國安德森（George Anderson）公使在《紐約時報》寫下了大清國新聞業的種種：「考慮到在中國的西方人其實還是相對少數，這裏卻有着如此多的外語出版物！」

這時候的上海一共有五份日報：三份早報、兩份晚報，其中一份是法語報紙。上海還有着六份外國週報，其中一份是德語報紙。當然它還有一堆形形色色的中文週報。

「一般來説，所有外文報紙都賣 4.5 美分一份。訂閱的價格則是每年 15 美元，郵資另算。與此同時，中文報紙才 0.5 美分一份。」安德森臚列的數據具有一定代表性，至少反映了上海的情況。

除此之外，全國還有相當大一部份的報紙是宗教類報紙，大多數是中文的，由目標和利益訴求都不同的傳教士或教會負責編輯出版。

安德森默默觀察着這一切，無法掩飾自己的驚奇：「這十分有趣，此刻的大清國正在走着幾十年前美國新聞出版行業已經走過的路線。整個帝國的報紙都是從各地不同的口語和方言用語習慣開始的，或多或少都有着本地特質。結果則是大量不負責任的出版物湧現，並且被它們的投資者用於保持報紙的新鮮口味。就像在美國很多小報呈現的很多『黃色新聞』。」

起源於 19 世紀美國的黃色新聞是一種品質低劣、沒有靈魂的新聞。它不但不能主持社會正義，傳播準確的信息，反而編製謊言、腐蝕人的靈魂。這時候大清國的亂局與怪象聚合，讓安德森不得不把這些混亂的報紙和美國的黃色新聞聯繫在一起。

事實上，不只是新聞出版業興旺發展，還有剛剛誕生不久的電影。

1906 年 8 月，《紐約時報》記述了「電影在中國」：「大清國統治者，羞於使用這種設施。」電影放映設備是被中國官員進獻的，用於慈禧太后的娛樂休

閒活動。

其實，慈禧太后並非第一次接觸攝影設備。任慶泰開了著名的豐泰照相館之後，他曾經進宮給慈禧太后拍過照。1905 年，任慶泰在北京前門外大柵欄，開設了北京最早的影院「大觀樓影戲園」，放映外國影片。同年，任慶泰還購買了一架法國手搖木殼電影攝影機、14 盤膠片，拍攝出了中國第一部電影《定軍山》。

大清國女性的解放從腳開始

1907 年初，受西方文明的影響，為了讓大清國婦女有更大的自由，清廷頒佈了詔令，從此禁止婦女裹小腳。然而，大清國的女人們已經習慣了追求「三寸金蓮」之美。西方媒體禁不住想，如果美國國會要求婦女們停止纏胸和束腹、提臀，那些追逐時尚的女人就會因此馬上停下來嗎？

但是，清廷另有一套辦法，立刻又頒佈詔令：大清國所有官員，若其妻女有纏足者不得在政府裏任職。於是，為了丈夫的政治前途，這些官員的妻女們也會像美國政客的女人一樣，控制住自己的愛美之心。

纏足始於宋代，是將正常發育的腳背扭曲折斷，用長長的布條緊緊裹住，再穿上精緻的繡花小鞋。美其名曰：三寸金蓮。這其實是父權社會體制下壓抑女性人權的習慣，以及審美觀的異化。

大清國女性的解放，從腳開始。慈禧太后還自掏腰包，撥出私房錢為大清國女孩們修建學堂，不過規定纏了足的女孩，一律不得入學。

事實上，慈禧太后自己一直是個大腳女人。她從未纏過足，她甚至付出了很多努力來糾正這種習俗和解放這些可憐的女人。在 1907 年之前的 20 多年裏，最有聲望和才情的文人們也曾用筆桿呼籲過，抵抗過，反對這種習俗繼續束縛女

六位京劇藝人

六位沒有穿戴戲服的京劇藝人在休息，1905 年。在傳統京劇中，女性角色也要由男性來出演。

性的個體權利。基督教傳教士們，甚至其他宗教團體，也都使出渾身解數，極力阻止這種嚴苛、不合理的習俗，但往往都無濟於事。

西方人了解大清國習俗的第一件事往往就是婦女們纏足。而中國女孩要聽說西方女性甚麼事的話，應該也是美國女孩要束腰。

這個有關小腳的禁令引發人們關注、追逐、熱議，當然也有抵抗和反覆。但最終，清國人必須意識到，如果新建女子學堂能夠培育出更多西方文明影響下的新式女性，並且致力於推翻這些統治了人們幾千年的舊習俗，這將有着其他任何事情都無可比擬的巨大價值。

五大臣立憲考察火車站遇襲

清末新政幾年間，最明顯的受益人是民族資本家。趁着這黃金時期，以張謇為代表的一批實業家聲望日隆，他們在勢力崛起過程中對政治體制改革也有了新的期望，並且通過他們與當權者的體制內聯繫不斷施加影響助推政治革新。日俄戰爭期間所形成的「立憲國打敗專制國」的輿論則成為重要的催化劑，一場轟轟烈烈的清末立憲運動即將登場。

立憲主張由清朝駐各國公使群體最先提出，得到直隸總督袁世凱、湖廣總督張之洞、湖南巡撫端方等地方重臣的支持，使得慈禧太后相信惟有立憲，才能夠保皇家尊號永固，朝廷於是打算先派大臣去西方考察一番。

在各省籌捐了 80 萬兩白銀考察經費後，清廷選定的五位考察大臣準備上路了，考察團兵分兩路，第一路打算於 1905 年 9 月 24 日從北京正陽門火車站登車出發。出發前，大臣們和社會賢達前來送別，人潮湧動，場面熱鬧，然而一聲爆炸聲突然響起，人群便亂糟糟炸開了鍋。原來革命黨人吳樾抱着暗殺救國的想

「刺客」吳樾

1905 年 9 月，由北京寄往英國伯明翰的明信片上，出現了一個轟動世界的人肉炸彈殺手屍體的照片，他在死後被一個面目兇惡的劊子手揪住頭髮以便於拍照，刺客的身體已被炸爛。「恐怖分子」是年僅 27 歲的安徽桐城人吳樾。這位保定高等學堂學生，與陳天華、趙聲等結為知交，推崇「暗殺」、「恐怖革命」等信念。1905 年赴京圖謀炸斃鐵良，但屢未得手。當獲知五大臣將仿日本明治維新之初派出歐美使節團之例而出洋考察歐、美、日各國政治制度後，吳潛入北京，9 月 24 日，他抱炸彈登上五大臣的專車，謀炸五大臣。因人多擁擠，車身震動，懷中炸彈爆炸而事敗。混亂之中，只有戴澤、紹英受輕傷，刺客吳樾自己被炸裂胸腹，手足皆斷，當場身死。這位盲目的刺客，在清末的政治運動中，似乎並沒有造成些許正面的影響。

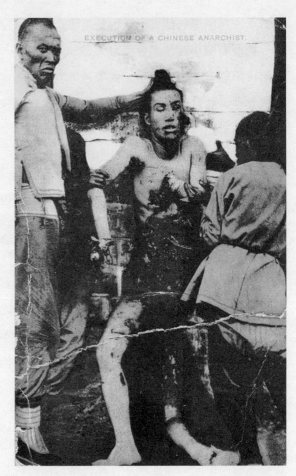

EXECUTION OF A CHINESE ANARCHIST.

法，懷揣一個自製炸彈混上了火車。後果是，吳樾當場死亡，考察大臣略略受了傷，但無疑這天是出發不成了。

不過箭在弦上不得不發，清廷讓袁世凱再度縝密地安排了行程，考察團再次出發了，一路由載澤、尚其亨、李盛鐸等人赴英國、法國、比利時、日本等國家，另一路由戴鴻慈、端方等去往美國、德國、意大利、奧地利等國家。1906年春夏之交，考察團歸來，上奏朝廷立憲已是國際大勢。

考察團骨幹成員端方秘密聯繫了自己的老朋友梁啟超，這位堅定的立憲派精神導師奉上了一份立憲規劃藍圖，這個藍圖也包含了立憲派代表人物楊度等人的思想結晶。當考察團成員將立憲藍圖帶回，並把自己親眼所見之各發達強國欣欣向榮的狀況描繪給清廷當權者時，統治集團中的開明官僚連同海內外立憲派形成了「共振」。與此同時，民間勢力代表張謇上下活動，也在極力為立憲造勢。

1906年9月1日，清廷宣佈《仿行立憲上諭》，諭令各地高級官員開始着手立憲準備工作。這極大地鼓舞了立憲派勢力。當年12月，預備立憲公會在上海成立，主要成員為江浙工商界代表和當地士紳。同時，廣東粵尚自治會、湖北憲政準備會、湖南憲法政分會、貴州憲政預備會和自治學社紛紛成立，這幾乎形成了全國性的立憲政治力量，有着明確的目標、強大的財力後盾和政治活動能力。在日本，梁啟超成立政聞社，楊度組織了憲政講習會，聲援國內立憲運動。

《仿行立憲上諭》宣佈第二天，王公貴族、地方重臣坐在了一起，他們將要面對立憲的第一個難題：改革官僚體制。而這意味着新的權力分配。

丁未政潮中的偽照大案

到了 1905 年，清廷中反對新政和立憲的官員已經不多，但是一旦立憲開始推進，實際的問題隨之到了眼前。要立憲，必從新官制入手。這是因為立憲後，君主將從具體的行政事務中超脫出來，相應地交給責任內閣，這意味着曾經依附於君主的朝廷班子也將隨之裁撤。那麼，原來統攬王朝軍政大權的軍機處大臣和六部眾官都到哪裏去呢？

第一個改革方案費時一個月出爐，主要由袁世凱謀劃，核心內容是取消軍機處，以內閣取代，內閣設立總理大臣 1 名、左右副大臣各 1 名，加上各部尚書 11 人組成。等到這個方案拿到桌面上來談時，醇親王載灃勃然大怒，繼而和袁世凱唇槍舌劍，吵作一團，甚至還掏出一把手槍，打算射殺袁世凱，被左右攔了下來。

新官制反對派甚至煽動太監起來鬧事，他們四下傳言新官制要裁掉內務府，宮廷太監們將會被新的服務人員代替，這個王朝宮廷的特殊群體聞風而動，不停地到慈禧太后面前哭訴，甚至鬧起了罷工，把慈禧弄得寢食難安，不得不對反對派作出妥協，新官制規定了「五不議」原則：軍機處事不議、內務府事不議、八旗事不議、翰林院事不議、太監事不議。

袁世凱當時在全國立憲派當中是一個位高權重的旗手，但他更是弄權高手，官制改革中的宮廷之鬥讓他栽了大跟頭，不但得罪了一大批人，還被奪了北洋六鎮軍權，差回天津去了。他趁着載振被清廷委任為東三省試行地方官制改革的欽差大臣路過天津之機，暗送唱梆子女伶楊翠喜於下榻房間，又派人暗送軍機處領班大臣奕劻（載振父親）銀票，博得了父子兩人歡心，奕劻遂將東三省主政官均換為北洋心腹將官，又找個加強邊防的藉口把北洋主力部隊調派東三省，北洋實際軍權又牢牢地掌握到了袁世凱和他的心腹的手裏。

軍機大臣瞿鴻禨對此了然於胸，這位出身科舉固守清廉的軍機大臣甚為晚

年的慈禧倚重，他對袁世凱不僅極度不信任，還有從心底的蔑視。他聯合了另一位受慈禧寵信的地方重臣岑春煊。岑因為在八國聯軍逼着朝廷西逃途中率兵救駕得到慈禧寵信，長期擔任兩廣總督，是地方督撫中唯一稍能制約袁世凱的力量的人。瞿、岑長期秘密聯絡，抓住袁世凱大肆行賄送色給奕劻父子之事後，岑春煊突然進京，希望扳倒奕、袁兩人。

但是雙方的權鬥白熱化後，形勢卻急轉直下。本來慈禧已有意罷免受賄的慶親王，派員追查，但是瞿鴻禨竟然把慈禧的意思告知了西方記者，諭令未下已是滿城風雨，這犯了慈禧的大忌，瞿鴻禨反被免職。而岑春煊則被對方用當時的高科技打敗：奕劻密令自己的女婿端方，在上海的照相館偽造了一張岑春煊與康有為、梁啟超的合影，編造他們合謀密談。向來信任岑春煊的慈禧看到照片後大怒，立即免了岑的官職。

這是發生在 1907 年的政治風波，加之此段時間圍繞跑官買官和各種利益結黨營私，言官攻訐之事密集，史稱「丁未政潮」。

政潮造成當權集團內部分裂公開化，極大地內耗了改革的動力，結果是每一步改革無不是前後掣肘，難以大步向前。與此同時，民間的改革訴求只能愈加積壓，立憲派已經迫不及待地要求召開國會，在 1907 年 9 月至 1908 年 8 月發起了聲勢浩大的國會請願運動，清廷決定將之前宣佈的 12 年預備立憲期限縮短為 9 年。清廷依然是被動地堅持謹慎、漸進的革新，而革命黨人呢，他們不停地鼓與呼，揭露清政府的腐敗無能以及立憲改革的虛偽，民間革命始終和清廷改革在賽跑。

美國加州《排華法案》的宣傳畫

圖片上，一位美國人手揮一份美國總統切斯特・艾倫・阿瑟（Chester
Alan Arthur）於1882年5月6日簽署的《排華法案》，一腳踹向梳着
長辮、長相醜陋、曾在西部幫助美國人修鐵路的清國民眾，這張宣傳畫
的主題是「中國人回家去」。這份臭名昭著的法案，後來成為《美國法
典》的一部份。從1882年至1905年之間，約有10,000名華人通過請願
方式將否決移民的決定上訴到聯邦法院。這張宣傳畫指向的就是這批將
被驅逐的清國民眾。

THE CHINESE KOPJE:— NOT SO EASY AS IT LOOKED FROM A DISTANCE.

《冰球》雜誌上的政治漫畫

1905 年，一幅發表於美國《冰球》雜誌上的政治漫畫吸引了大家的目光。代表美國的山姆大叔和代表英國的約翰牛以及其他六國的元首，包括尼古拉二世（Nicholas II，俄國）、威廉二世（William II，德國）、明治天皇（日本）、翁貝托一世（Umberto I，意大利）、弗蘭茨·約瑟夫一世（Franz Joseph I，奧地利）和埃米勒·弗朗索瓦·盧貝（Émile François Loubet，法國），抬頭仰望一座華人面孔的高山。華人的面目是憤怒的，下面刻着「中國問題」的文字，如何均衡在華利益也是列強之間的一大難題。

1905 年 8 月同盟會創立

在日本人內田良平的牽線下，孫中山將興中會、華興會（黃興與宋教仁）、光復會（蔡元培、章炳麟、吳稚暉等）合併，在東京成立了中國同盟會。孫中山被推為同盟會總理，確定了「驅除韃虜，恢復中華，建立民國，平均地權」的政治綱領，並將華興會機關刊物《二十世紀之支那》改組成為《民報》，在發刊詞首次提出「三民主義」學說，正式宣示將創立「中華民國」，並與梁啟超、康有為等改良派展開激烈論戰。

雄偉卻殘破的北京城牆

這個被八個國家的軍隊攻擊過的清國首都，引
人注意的是高聳在城牆邊的一條細長的電報線
杆，在駱駝仍是清國重要的運輸工具的時候，
它同樣擁有可以與世界溝通的電報。

杭州棲霞嶺南麓的岳飛廟

傳奇將軍岳飛在南宋時期因抗擊金國軍隊期間，被皇
帝與他的大臣用「莫須有」的罪名在杭州風波亭處
死。1162年皇帝下詔為岳飛平反，並為其建廟祭祀。
照片中的洋人與華人端坐在圓形墓前，墓碑上寫着
「宋岳鄂王墓」字樣。

福州一座臨時的橋樑

1905 年 3 月 14 日，連日的大雨沖毀了這座古老的橋樑，當地民眾用兩根粗壯的松木橫在原來的橋墩上作為臨時橋樑。這座被當地人稱為斷橋的橋樑的兩側，擠滿了準備過河的民眾。

北京城外騎驢的小攤販

這頭驢子身上架着兩隻籮筐，低着頭走在一座簡易的木橋上，二者的身後是雄偉的都城城牆。

北京街頭的馴熊表演

表演的主角應該是畫面中央的一頭熊，他們把收到的觀眾賞錢放在旁邊類似於烤紅薯的鐵桶中。

陽台上的一雙麻鞋

1905 年，杭州冬天暖陽下，一戶人家在窗台上晾曬着
一雙麻鞋，它在土牆的映襯下散發着一種難以言表的
時尚、舒適。

美國夏威夷興中會總部

同盟會成立後，在孫中山的主張下，興中會併入同盟會。1894 年 11 月 24 日，甲午海戰清國連遭敗績，孫中山在夏威夷成立興中會，以「驅除韃虜，恢復中華，創立合眾政府」為宗旨，以期振興華夏。孫痛心於「堂堂華國，不齒於列邦；濟濟衣冠，被輕於異族」的積弱現狀，創建了這一以進行資產階級民主革命為職志的政治集團。

福州，奧德爾茶葉公司的新茶品嚐室

英國商人早在 1860 年就進入了福建，並組成了至少
幾十家茶葉出口公司，將福建的茶葉製作成紅茶或綠
茶，出口到歐洲。

身着旗袍、手執摺扇的香港女子

這些女子眉目清秀，有別於其他同時期關於清國圖片
上的民眾那木訥的表情與黑色的面孔。攝影師賴阿芳
在註解中説，這中間還有幾位女性是香港的馬迷。

山東青島兩所公立男子和女子學堂開學

1905 年 9 月 2 日，清政府發佈諭令立即停辦科舉。德佔青島
遂成立了兩所公立學堂，這些學堂中的學生大多為滿族官員與
當地士紳的孩子。在青島的這兩所公立學堂裏，甚至有德國教
員教授物理、天文、數學諸科。

盲校的孩子學習編籃技藝

1905年，福州北門柴井頂，宮維賢（George Wilkinson）夫人岳愛美（Amy Oxley）捐助興辦的盲人學校靈光書院。這所學校的創辦者澳洲人岳愛美女士1896年曾奉基督教聖公會差遣赴華傳教。在連江縣租賃一所民房免費收容盲童，並創辦盲人學校「中華聖工會私立靈光盲童學校」。學校最早的教學方法是借鑒福建順昌縣西方傳教士庫克（Thomas Cook）所創的教學經驗，以《聖經》為文本，用凸點符號表示羅馬字母，拼寫成福州話，這種方言盲文有字母30多個，每個音節至少需要兩個以上的點符。書院其後因義和團運動被迫停辦。這所建在福州的靈光書院，係1901年岳愛美重建，她首次提出「以手養口」的辦學理念，讓盲人用自己的雙手通過勞動養活自己。書院施行半工半讀制。課程分設有國語、珠算、唱歌、英文、結草蓆、編竹籃、修風琴、修鋼琴等課程。福州靈光書院在教學方面屢獲清廷與民國政府嘉獎。

美國總統西奧多·羅斯福的女兒愛麗絲觀見慈禧太后

1905 年,愛麗絲(Alice Roosevelt)正要去觀見慈禧太后。愛麗絲因為她的眉毛和叛逆的公共行為而獲得了知名度。《華盛頓郵報》(*Washington Post*)的文章稱:「這個年輕的美國女孩的訪問可能會對統治中國的可怕老太太造成影響。」皇太后在頤和園為總統的女兒舉行了歡迎宴會。愛麗絲在她的自傳中寫道:宮廷官員們送來了一張皇太后的照片,被鑲在四方鍍金框架中。這個生動的描述表明,慈禧的照片已經成為帝國存在的延伸,並成為清國贈送的國家禮物的一部份。

逃亡海外的梁啟超

1905 年底，梁啟超在逃亡數年後，終於在日本得到與清廷改良派官員接觸的機會。是年，清廷特派載澤、戴鴻慈、徐世昌、端方、尚其亨五位大臣分赴西洋各國考察。經考察後，仍然找不出中國實行君主立憲的具體方案，於是端方特派熊希齡自歐洲考察途中折返日本，秘密找到梁啟超、楊度二人，請他們代擬五大臣出洋考察政治報告，梁代其撰寫《東西各國憲政之比較》等奏摺，楊度協助撰寫了《中國憲政大綱應吸收東西各國之所長》和《實施憲政程序》兩文，並根據中國國情提出一個方案：實行兩院制，實行司法獨立，實行責任內閣制，實行地方自治，制定憲法。不久，慈禧連續召開會議，觀其奏摺，加以討論。討論結果認為專制政體無法繼續，同意走日本的道路，故於 7 月 13 日宣佈預備立憲。梁隨後成為立憲派領袖，並全方位着手對於立憲的各種基本條文的研究。

廣州沙面街頭的一位巡警

戴着一頂清代的盆帽，打着綁腿，腰懸一把
警棍。廣州人叫他們巡士長或者巡士。1902
年，袁世凱在天津設巡警局，清政府下令各
地照辦。廣州遂廢保甲制度，於 1903 年 3
月，成立巡警總局。至 1905 年，已有警察
5,000 多人。這些巡士長早期的一項任務是
禁止婦女上茶樓，並收繳麻將牌。

1905 年，山東威海

一艘福建船隻於威海觸礁擱淺，威海海西頭村董車碩學冒險施
救。殖民地政府特意於香港訂造一檀香木匾額，上刻「拯人於
危」四字，親自送至車碩學家中，並要求威海人向車碩學學習。

北京菜市口

這個被綁在木樁上的犯人名叫富
珠哩，1905 年 4 月 10 日，他因
殺害自己侍奉的蒙古王子被判
處「凌遲」。這種刑罰要求在犯
人活着的時候由受過訓練的劊子
手，將其身上的皮肉分成數百至
數千塊，用小刀逐塊割下來。這
種「千刀萬剮」的可怕酷刑的照
片，被法國士兵拍下並第一次傳
到國外。「凌遲」於兩星期後被
清國明令廢除，但富珠哩並不
是最後一個被凌遲處死的犯人，
1907 年 7 月 6 日，光復會成員
徐錫麟仍被憤怒的清國官員判處
了這一「廢除的刑罰」，徐成為
有記載的中國歷史上最後一位被
凌遲處死的人。

中國皇子在日本留學

圖片上的具體人物已不可考。清國皇室在出洋留學熱
中,派出的一批皇親國戚,赴日本各家大學學習軍
事、經濟等。1905年2月,來自倫敦的《每日電訊報》
消息稱,日本正準備在戰後致力於成為北京最主要的
「顧問」。裹挾在一系列事件中的中日關係這時候不
再只是曖昧,而是如 1905 年 9 月《紐約時報》的評論
《日本化的中國》所言,中國與日本有了現實的聯繫,
從改良派先鋒康有為開始就是如此。而清國皇室此時
派出一批皇家子弟,對於日本來說,顯然是一件很重
要且可以影響未來清國命運的事。

北海上的伐冰活動

1905 年冬天，北京的兩個勞工正在將從北海上切割出
的冰塊拖走。這塊冰將會被保存在地下十多米深的冰
窖中，用來在夏天降溫。

北京崇文門下，熙來攘往的北京市民

這道門一直是商賈進京的通道，異常繁華。

北京地安門大街上的鐘樓

鐘樓為永樂大帝所建，樓正中懸「大明永樂吉日」鑄
的大銅鐘一口，號稱「鐘王」，它是古代中國的報時
裝置。據明清規制，鐘樓每天兩次鳴鐘，寅時為「亮
更」，戌時「定更」。戌時開始在每個更次擊鼓，直
到次日寅時。此為「晨鐘暮鼓」之謂。

1906 年，北京前門三頭橋

庚子事變所焚之處皆已修復，街道兩邊有零星電線
桿。攤販在橋頭擁塞叫賣。似乎洋人與洋槍並沒有改
變老北京的陳舊生活。

位於北京中軸線上的鼓樓

它是元、明、清三代北京城的擊鼓報時之處。與一般
鐘鼓樓東西對立排列不同的是，北京的鼓樓在南，鐘
樓在北，一前一後地坐落在古城北端，與南面的景山
遙相呼應。

頤和園佛香閣

1906年，日本攝影師山本贊七郎拍攝的頤和園，此張圖片被製成明信片在日本國內大量發售。

北京天壇祈年殿

天壇裏長滿了野草，一個着長袍的男人站在台階上。清國皇帝似乎再也沒有來祭過天了。

1906 年的北京城牆

一隊新軍士兵正沿着鐵道線進行巡邏。

保定陸軍學堂

朱漆大門飾以銅釘銅環，門楣上懸掛着書有「陸軍速
成學堂」六個大字的橫匾。1902 年北洋大臣袁世凱在
保定東關外開辦「北洋行營將弁學堂」，馮國璋任總
辦（即校長）。第二年袁又奏請開辦陸軍小學堂、中
學堂、大學堂，進行正規軍事教育訓練。之後於保定
建成「北洋陸軍速成武備學堂」，即為保定軍校前身。
其建築格局與教育學科均仿日本士官學校。1906 年，
清廷藉口統一兵制，將兵權收回，設立陸軍部，同年
將其改為全國陸軍速成武備學堂。黃埔軍校校長蔣介
石曾在此受訓炮科一年，成為保定軍校的著名校友。

長沙「雅禮大學堂」

1906 年 11 月 16 日，美國耶魯大學傳教會諸校友在長沙創辦「雅禮大學堂」，它被美國人稱為「中國耶魯」式的學府，最後聚合了雅禮中學、雅禮學堂、湘雅醫院、湘雅醫學院和湘雅護理學院。凝聚這所湖南省最早的現代化教會大學回憶的，則是現在的湘雅醫學院。

上海九江路口的聖三一教堂

這座上海市現存最早的基督教新教教堂，俗稱「紅禮拜堂」。它是一所國際性主教座堂。

江西萍鄉煤礦投產

清國的官商盛宣懷為解決漢陽鐵廠燃料問題，而在 1906 年投建一座西式現代煤礦。這座煤礦全盤使用機械生產、運輸、洗煤、煉焦，甚至連工程師也都由洋人擔任。這個在當時現代化程度最高的煤礦就是後來的安源煤礦。1922 年，毛澤東就是在這裏領導了一次著名的大罷工，成為了他革命生涯的起點。

四川彭州龍興寺

這座變形的古老寶塔，是 1786 年 6 月 1 日的地震造成的。塔從中間一分為二，但仍然屹立不倒。

從鼓樓上眺望北京

從元代起，鼓樓就是北京城最重要的商業區。根據古代都城「左祖右
社，前朝後市」的規制，鼓樓正處在皇城之後，而且附近多有權貴
宅第，不遠處的積水潭和什剎海也都是商賈雲集之所。正對鼓樓的街
道，元代叫十字街，明代稱鼓樓下大街，清代稱鼓樓大街。此街處於
京城南北中軸線上，文物古蹟遍佈街道兩旁，歷代均為繁華街市，俗
諺「東單西四鼓樓前」的鼓樓，指的就是這裏。標誌性建築有萬寧
橋、火德真君廟、白米斜街和杏花天老宅院、百年老店舖等。

兩個鐵匠為馬換鐵掌

1906年，北京南部的一個鐵匠舖，兩個鐵匠正在為一匹馬換鐵掌。馬匹被綁帶
與木具架起來，無法動彈。這門古老的釘馬掌技巧，只在少數的匠人中流傳。

長江的漁民與一捕魚的水獺

1906年，長江邊的漁民與一隻正在捕魚的水獺，這些漁民有個
古老的技巧，可以訓練鸕鷀、水獺等動物去捕魚。他們有時候
只在岸上等候即有收穫。

上海街頭展示的留聲機

一群孩子戴着聽筒，傾聽從機器裏湧流出來的聲音。
在這個東方冒險家的聖地，外國人除了帶來槍炮與威
脅，同時也會第一時間帶來世界上最新奇的玩意兒。

燕山古道上的一對老夫婦

老太太坐在驢背上，老先生牽着向前走。

陝西漢中一位團練

這位類似於民兵的精壯漢子，手持的是一支廣東製造西局於 1906 年仿製的 7.92 毫米毛瑟槍 1898 式。這款經典的毛瑟槍，經過改進後，成為納粹德國「二戰」時候的主流步槍。

1906 年的福州鼓嶺郵局

這個郵局開辦於 1902 年，每年在端午節後開張，農曆八月十五後關閉，屬季節性郵局，與廬山郵局等並列，是清國早期五大「夏季郵局」。這所郵局上懸「大清郵政」字樣，大門兩旁張掛「郵政重地，禁止喧嘩」告示牌，顯示出官辦威儀。清國的光緒皇帝在 1896 年 3 月 20 日，批准開辦大清郵政官局，但仍設於總稅務司署內，郵政總監由海關總稅務司赫德兼任。1906 年清廷設郵傳部，直到 1911 年 5 月，郵政才脫離海關，成立郵政總局。

清國的海軍軍樂隊

1895年，袁世凱在小站建立了第一支
軍樂隊。其後海軍也建起了自己的軍樂
隊。清國各地新軍除了將新式武器接收
了過來，也仿製了自己的軍樂隊。慈禧
太后於1903年令袁在天津開辦了一個軍
樂培訓班「樂工學堂」。北洋新軍現代
軍樂隊所操練之制式法則遂成為新軍各
軍樂隊定制。照片中的成員雖手執西式
鼓號，但卻着舊式水師制服。

陝西陸軍小學堂

1906年，奉陸軍部命令，西關武備學堂
更名陝西陸軍小學堂。此為學校的初級
軍官們正在接受校閱。該校學制三年，
旨在為陝甘編練新軍準備各種軍事專業
初級技術人才。翌年秋，該學堂又選送
錢鼎、張鈁等30人入保定陸軍軍官速成
學堂第一期分學步、騎、炮等科，學制
兩年半，畢業後返歸陝西新軍混成協任
初級官佐。

上海，李鴻章的銅像

李鴻章死後仍然是西洋人心中的偉大人
物。1904年，李去世三年後，盛宣懷在
法華浜東岸的 22 畝土地上建成李公祠。
1906年，李鴻章銅像在李公祠的土山
上落成。銅像為德國軍火商克虜伯公司
（ThyssenKrupp）鑄造，像高 9 尺 6 寸
（約 3.2 米），1950 年被毀。

提格爾城之坡魯斯製造蒸汽機關車廠

三百輛汝俄奧意丹瑞日本等國皆定購焉

上下執事共一萬三千人經造機關車六十

Borsigs Lokomotivenfabrik in Tegel bei Berlin.

In dieser Fabrik, die nebst ihren Nebenwerken über 13 000 Beamte und Arbeiter beschäftigt, sind bis jetzt fast 6300 Lokomotiven für fast alle Länder der Erde hergestellt worden, z. B. außer für Deutschland für Frankreich, Österreich-Ungarn, Holland, Dänemark, Schweden, Rußland, Italien, Türkei, Japan, Argentinien, Brasilien und Chile.

德國一家火車頭製造工廠

1906 年，出洋考察使臣來到這家規模達到 13,000 人的工廠考察。
考察使臣特意註明日、法、意等數十國均從此廠訂購火車頭。

彰德秋操期間的陸軍軍官

這位新軍軍官的袖章顯示出軍階為中等第一級，即正參領（相當於今上校）。此照於 1906 年 11 月 15 日，即彰德秋操結束三週後贈予英國記者莫理循。參加彰德秋操的人中，有五位在未來成為民國的總統，這場秋操好像是大清辦給民國的閱兵式。不過從彰德秋操走過來的人，當時還意識不到，秋操演練場上，站在飄揚龍旗下的大軍會成為他們最大的政治資本。

參訪秋操的外國軍官

1906 年，彰德秋操時，兩名參訪的外國軍官在品評這位會説英文的軍官的新型歐式軍禮服。袖章與肩章顯示這位軍官的軍階為正都統。據巴克斯（Edmund Backhouse）所記，一年前新軍軍官已剪去辮子，故而此軍官之辮子不知是真是假。按當時規定，禮服軍帽仍為清式高帽。清末曾舉辦過三次秋操，彰德秋操是最大的一次。當時的媒體曾不吝美詞：「此次大操，地方官吏修繕街道，大街一帶各業店舖亦令塗飾一新，各店均懸燈結彩，高揭國旗，宮保（袁世凱）並由天津派來巡捕四百名，分佈巡邏，市街之整潔，人民之肅清，誠中國內地之初見也。」

在英國展覽的中國物品

1906 年 5 月 16 日，在英國布里斯托爾（Bristol）的科爾斯頓大街（Closton Street）上的「城市博物館與美術館」舉行了「偉大的傳教會」的展覽募捐活動。這張照片顯示的是「中國貨攤」，攤主向英國人出售牧師們從清國帶回來的各種奇特物品，以籌集傳教用的資金。

1906 年的新疆伊犁

芬蘭人曼納海姆（Carl Gustaf Emil Mannerheim）在清國考
察期間拍攝的特克斯河谷中守備將領與他的親兵。

芬蘭人曼納海姆在蘭州

1906 年 3 月，芬蘭人曼納海姆混進法國漢學家伯希和（Paul Peillot）率領的考察隊，潛入清國進行間諜活動。在為期兩年的考察活動中，曼納海姆橫跨了中國新疆、甘肅、陝西、河南、山西、內蒙古、河北等八個省份，行程 14,000 公里，收集了大量重要情報。他按俄軍總參謀部的旨意做全面的軍事和社會考察，探明從喀什經過蘭州直達北京的最佳軍事路線。為俄國從新疆侵略清國做情報準備。此人曾於 1904 年被派往駐滿洲里的第 52 龍騎兵團任中校。此後他又參加了「日俄戰爭」，並在「一戰」和「二戰」中維護了芬蘭的獨立。

被拐賣兒童獲救

1906 年，福州南台塢尾街像儀樓拍攝了一張被拐賣兒童獲救的圖像。圖片上註明：「林慶瀾公司護綱江丙小輪，在外海拿獲拐匪二十三名，被拐男女小孩共計四十一名，分處寄養，各屬取領。」這個林慶瀾公司在外海所救的小孩大部份是從台灣拐賣而來的。福州府遂將此事上奏，將這些孩子妥善寄養，並拍照褒獎施救者。

一戶貴族家的八個孩子

他們站在自家庭院的假山石上，面對着法國傳教士梅蔭華（Michel de Maynard）的鏡頭。這位傳教士發現，滿族達官顯貴們都住在有着狹窄街道的胡同裏，然後從一扇門中，走入一個巨大的四合院。院子裏住着自己的一到兩位太太，以及一群孩子。

華裔女童在紐約中央公園

女孩子們穿着乾淨的白裙子，拉着手在中央公園的草地上轉圈、歡笑，用好奇的眼神張望着攝影師的鏡頭。

1907 年，七名兒童

他們坐在一家上海攝影工作室的工作間，手邊是幾本打開的兒童相冊。這些孩子圓圓的臉蛋顯示有着良好的營養。那種印在黑白圖片上的清國人的木訥也消失不見。

一位在蘇門答臘棉蘭的華人僑民首領

他因捐給左宗棠 1 萬両白銀辦船廠，而被清廷封為道員。晚清在南洋的僑民近百萬，他們常為清廷的海防給予捐贈，清廷則對捐贈者授予不同的虛銜。僑民則對接受清廷的封贈而倍感榮耀。印度尼西亞僑民官員出行竟仿效清朝官吏身後打傘，以示尊嚴與官威。

1907 年的上海南京路

南京路修建於 19 世紀 60 年代，是上海公共租界越界
修築的道路。大街兩邊聚集了很多著名的建築。

北京街頭剃頭的市民

這張圖片為日本人山本贊七郎
所攝,他於甲午戰爭後來中
國,在王府井附近的霞公館經
營照相館,專拍市井人像。這
幅圖片展示了清國男人梳理辮
子的複雜過程。

能坐下八個人的獨輪車

這張擺拍的圖片,顯然是為了展示在膠輪人力車之前,
這種獨具中國特色的木輪獨輪車擁有很好的性能。

1907 年，山西太原府街頭

一名流動的街頭廚師與在路邊喝粥的食客。這種流動的街頭小吃攤為市民提供簡單便宜的下午茶。

太原郊外的一位農民

他趕着由牛和驢拉動的鐵犁在種地，至少有近千年的歷史表明，這裏的農民一直在用這種古老的方式耕種。

上海南京路鋪設電車軌道

1907 年，英商上海電車公司僱用的工人
在南京路上鋪設電車軌道。它是上海也
是全國第一條有軌電車線路，從靜安寺
鋪設至上海總會，沿線為主要商業街，
全長 6.04 公里，1908 年 3 月 5 日正式落
成通車，沿着外灘通往上海俱樂部。

1907 年，天津日租界全景

天津日租界是天津的九個租界之一，同時也是近代中國五個在
華日租界中規模最大，也是唯一較繁榮的一個（另外四個是漢
口日租界、蘇州日租界、杭州日租界和重慶日租界）。天津日
租界的所在地域，原是位於天津城東南方的一片沼澤地。

天津英國俱樂部

這座兩層建築位於維多
利亞路（解放北路），
是天津英僑上流社會的
社交場所，被租界的各
國人士稱為英國球房和
遊藝津會。1904 年，由
天津英租界董事會董事
長 德 璀 琳（Gustav von
Detring）發起興建。這
張明信片上寫着幾句潦
草的話：「維多利亞路，
英國租界的主路，我們
每天都在那裏玩……」

1907 年首批留美幼童聚會

自光緒七年（1881）全部官費留美學生 94 名幼童返回
中國，至此已 25 年左右，中途輟學和去世的有 32 名。
這批學生中最有名的是詹天佑，他勘查、設計了京張
鐵路。而他們當中的許多人都將在隨後的歷史中成為
風雲人物。留美幼童回到國內，也自成一個圈子，他
們不時聚會，甚至聯姻。此為他們某次相聚時的一個
合影，當年的留美幼童已入知命之年。

山西大學堂首批赴日留學生

1900年義和團團員在太原砍殺了幾名傳教士，新任山西巡撫岑春煊電請英國上海總教士李提摩太（Timothy Richard）來「議結教案」。李遂提出用賠款建立一所中西大學堂，這就是山西大學堂的緣起。據1903年清政府頒佈的《欽定學堂章程》「須設有三科才能成為大學」的規定，山西大學堂與京師大學堂遂成為清國僅有的兩所大學堂，名噪一時。這張臨行前的官學合影中，身着王朝制服的官員們和身着如同京劇演員服裝一般的留學生們心無芥蒂地坐在一起。官員們和學生們也許都還不知道，當他們東渡日本踏上異國他鄉後，便會和帝國離心離德。這個受到近代文明滋養的留學生群體，迅速對專制制度極端不滿，成為民主共和的搖旗吶喊者。

「鑒湖女俠」秋瑾

1907 年 7 月 15 日，光復會起義失敗後，秋瑾在故鄉浙江紹興被清政府殺害。秋瑾生於廈門，初名閨瑾，留學日本後改名瑾，自稱鑒湖女俠，筆名秋千、漢俠女兒，曾用筆名白萍。近代女性民主革命志士，提倡女權。她的死訊傳出，在輿論界激起軒然大波。作為輿論中心的上海，各大報刊對秋瑾的報導鋪天蓋地，給予她極高的評價：「至於以國民之權利、民族之思想，犧牲其性命而為民流血者，求之吾中國四千年之女界，秋瑾殆為第一人焉。則秋瑾之死，為歷史上放光明者，良非淺鮮。」

在萊比錫大學留學的蔡元培

蔡元培因在國內參與密謀暴動，被清廷通緝。1907 年，他在駐德公使孫寶琦的幫助下到德國留學，在柏林一年學德語，後來在萊比錫大學研究了三年哲學、文學、心理學和民族學。

張蔭棠與梁敦彥

這兩位在晚清分別出任清國外交重臣的廣東鄉親在美國合影留念。
在擔任駐美公使之前,張蔭棠(前左)曾於 1906-1907 年以駐藏幫
辦大臣的身份,整頓西藏政務,卓有成效。是年,梁敦彥(前右)
出使歸來後,官至外務部侍郎、尚書右丞。

檀香山華僑棒球隊

他們在島內所向披靡，幾可與美國最有名的海陸軍和
加拿大棒球隊一較高下。這支聲名遠揚的棒球隊，創
始隊員中有興中會成員馮恩賜與陸樹階。辛亥革命爆
發後，華僑棒球隊大部份回到國內，參加了孫中山領
導的國民革命軍。

旅途中的加拿大醫生

加拿大醫生查爾斯·科恩·埃利奧特（Charles Coyne
Elliott）和妻子瑪麗·瑪莎（Mary Martha Evans），
前往四川成都，在路邊旅店休息。他的新婚妻子瑪
麗·瑪莎身着滿族服裝，查爾斯則身穿中式長袍。他
們跟隨基督教中國內陸使團，從 20 世紀初到 20 世紀
20 年代，一直在四川工作。

伊爾底斯碑下的兩個小孩

這座有着半截船桅的紀念碑，是德國僑民為紀念 1896 年 7 月 15 日在山東海面遭遇風暴而沉沒的德軍炮艦「伊爾底斯」號的 70 餘名死難者而立。第一次世界大戰後，英國僑民於 1918 年 1 月 16 日將其推倒。之後，德國人又把它修復，遷到延安西路的德國總會內（今靜安公園）。中華人民共和國成立後，紀念碑被整體收藏於上海歷史博物館。

1907 年 6 月，山東曲阜縣

傳說中的中國聖人孔子的墓前，站立着他的很多代之後的後人。蜂擁進入清國的所謂漢學家們都會來朝聖，並將此作為一個旅遊勝地。這張圖片是法國人沙畹（Édouard Chavannes）遊歷山東時拍攝的照片。

廣西學界舉辦遊藝會

1907 年 11 月 29 日，廣西學界第一次遊藝會在桂林舉行。主席台上廣西巡撫張鳴岐正在發表演講，他身邊的兩個年輕軍人中，其中一個是陸軍小學堂總辦蔡鍔。在這個廣西史上最早的省級運動會的主席台上，令人矚目的則是橫額上的「立憲萬歲」四個大字。1905 年日俄戰爭，日勝俄敗震驚清廷。清廷以為「日俄之勝負，乃立憲專制之勝負也。非小國能戰勝於大國，實立憲能戰勝於專制」，於是始議君主立憲制。憲政遂成公眾話題，並開始深入人心。在清廷正式頒旨倡導立憲之前，偏居一隅的廣西在這樣一個有 39 所參賽學校、參賽人數 990 人的運動會上，提出此議，遂見立憲已成燎原之勢。

1907 年 6 月的曲阜孔廟

門口兩座恭敬的石像據稱是孔子的兩位著名學生。

VI

1908-1909

崩潰

1908 年 11 月 19 日，清國國喪

慈禧太后——這位咸豐帝妃，也是同治帝的生母，於
11 月 15 日病逝。慈禧太后作為同治、光緒年間清國的
實際統治者，在風雨飄搖的清代末年，掌權時間長達
47 年之久。慈禧太后在她的統治期間發動政變三次，
立皇儲兩次。她發動的最著名戰爭是向全世界宣戰，
死後諡號「孝欽慈禧端佑康頤昭豫莊誠壽恭欽獻崇熙
配天興聖顯皇后」，長度為大清皇后之最。她龐大的
靈柩用黃色織錦覆蓋着，像一團火似的燃燒、閃耀、
發光，釋放出明亮的金黃色。靈柩由 100 多名轎夫從
北京的紫禁城抬送至距城 100 多公里遠的東陵。沿路
的士兵們全都持槍致敬，外國公使的警衛們也都向靈
柩敬禮。《紐約時報》的訃聞稱「這位政治家在世界
事務中往往顯現出自己的婦人本色」。

孤獨的改革派皇帝駕崩

1908 年，大清國的 11 月很悲傷。《紐約時報》11 月 14 日的北京消息宣告：大清國光緒皇帝在這一天下午 5 時多去世。

慈禧的病情同樣嚴重，她在知道光緒皇帝病逝的消息時幾近崩潰，至少給外界造成的印象是她對這個皇帝心存慈念。儘管大家都隱約覺得，獨裁者皇太后也許才是光緒離世的原因。與此同時，她自己的靈柩也已經在宮內準備就緒。

但對於大清國的百姓來說，統治者的灰飛煙滅似乎對他們沒有甚麼影響。也因為這個統治者光緒太過孱弱，以至於只能做一個傀儡。他不僅一直以來都受疾病困擾，還常常在驚恐和絕望中飽受折磨。他甚至在 8 月就對人們宣佈：他，瘋了。

據宮內一份詔書，自從 1907 年秋，光緒皇帝就一直病着，精神恍惚，食慾不振，夜不能寐。而這一次，是徹底地病去，不再回來。11 月 14 日、15 日，西方媒體都在急於核實統治者之殤的消息。可是依據慣例清廷通常會隱瞞皇室成員的死亡消息，外務部在這兩天都矢口否認皇帝的歸西，以至於西方觀察家們議論紛紛，莫衷一是。但一般人還是認為，統治者已經去世，可能就在頭天晚上，或許更早。

這個薄命的統治者自童年以來就很孤獨。清廷不可能讓他有很多童年的快樂。1876 年 5 月，小皇帝就開始接受各種啟蒙教育，從早到晚。到了結婚年齡，也是被慈禧下詔安排好結婚對象。剛剛完婚又開始親政，定時向他的姨媽，就是慈禧太后彙報。他孤獨地成為傀儡，幾乎等於被囚禁。他被無數條條框框約束着，不能表達自己。1898 年好不容易支持改革派，卻差一點被慈禧太后罷黜。

而這一次，在改革派取得了有限的勝利的時候，這個孤獨的改革派統治者卻離去了，連離去的背影都那麼孤獨。他一生中只愛着珍妃，那個女子被慈禧下令丟進了皇宮深井。他名義上的妻子隆裕皇后在他心中是慈禧套給他的枷鎖，皇宮

珍妃像

珍妃年輕貌美，性情活潑，對外來事物採取開放接受的態度，不被虛套束縛，喜愛時裝，珍妃不排斥照相技術，成為清宮后妃中最早的照相者。庚子年（1900），八國聯軍即將侵入北京，慈禧在出逃前，以「洋人入城，免受污辱」為由，命太監崔玉貴將珍妃推入慈寧宮後貞順門的井中溺死，珍妃時年僅 25 歲。後人稱這口井為「珍妃井」。

三千佳麗都不曾為他生下一子一女。

民間也傳說着另一個版本的故事：年輕的皇帝怎麼這麼輕易地死去，如果不是那個嗜權如命的母后所害，也一定是有甚麼人做了惡毒的手腳，這個人便是袁世凱，他和小站的新兵們在戊戌年跟光緒結下仇怨，如今權傾朝野的他怎麼可能讓宿敵成為主子？如果他買通宮廷太監，在體弱多病的皇帝吃的飯食或者湯藥裏稍微做一些手腳，他就再也沒有甚麼權力的羈絆了。傳言的後續故事裏還包括，光緒帝臨死遺囑只有兩個字「殺袁」。

國際輿論則饒有興致地等待大清國的聲明和外交上的改變。「光緒皇帝駕崩，曾推動改革功不可沒」成為頭條標題。但很快就有人指出，作為傀儡統治者的光緒皇帝離世可能並不會對政局造成多大的影響，當然，如果慈禧太后去世就不會這麼簡單了。

慈禧的陪葬品中有一輛轎車

西方媒體往往擅長描述慈禧太后的獨裁和極權主義風格，但也承認她所具有的「不僅是維持權勢必須有的冷酷、堅定的意志以及冷血的統治手段，她還是一位有一定才華的詩人，天性幽默，有藝術天份」。

西方人也沒有想到，這麼快，這個猜測和分析就成為了事實。倫敦《泰晤士報》11 月 15 日的消息如下：

> 大清國慈禧太后在今天去世。大清國皇帝剛剛於週六去世，他們兩人死亡時間如此之近，不免讓人產生疑慮。人們懷疑這種事情的背後可能有謀殺。而剛剛死去丈夫的皇后對其他人而言無足輕重。
>
> 清國皇帝死亡的直接原因據説是神經衰弱症。當快斷氣時，皇帝陛下拒絕讓別人把他搬到長壽宮去，這違背了大清國的先例。因為每當清國統治者死去都會被放入這個宮殿。最終，他還沒穿上這種場合應該穿上的壽衣就斷氣了。

慈禧皇太后於 1908 年 11 月 15 日下午 2 時去世。1861 年以來，她一直在操縱大清國的政局。這期間沒有任何人可以逾越她、阻撓她。1881 年以來，「再沒有人反對過她」。她是一個很強大的獨裁者。

溥儀已經被清廷宣佈成為新的統治者。事實上，他是大清國攝政王醇親王的兒子，剛剛 3 歲。大清國這時候顯然有了很多改變。

外務部正式對西方人宣告了皇太后死亡的消息。京城裏的紅色消失了，取而代之的是嚴肅的藍青色。不容易動情的百姓似乎還是被強勢獨裁者的死所感染。皇宮裏傳發出訃告，籌備舉行祭奠儀式。

《紐約時報》説她「就像俄羅斯的凱瑟琳 · 麥迪西（Catherine de' Medici,

即女皇葉卡捷琳娜二世）和英國的伊麗莎白（Elizabeth II）那樣，完全是憑藉毫不動搖的殘忍本性來獲得並保持手中的權力。並且同她們一樣，她也對周圍人保持着不可思議的神秘感」。

她自幼聰明伶俐，是咸豐皇帝最寵愛的妃子之一，但她眼裏只有權力。咸豐去世後，她一步一步地接近權力。從垂簾聽政開始，慈禧開始用頑固和冷酷無情給大清國帶來不幸和災難。因為慈禧對權力的追逐，清王朝繼續維繫了 48 年。但這個沒有甚麼知識與眼界的女人為了權力，完全截斷了任何聰明果敢的領袖出頭的機會。清代末年，在慈禧的操縱下，登位的都是性格溫和的皇帝。光緒有改革的心，卻缺少狠辣的膽識，無法對抗慈禧。她一直隱藏在光緒皇帝的背後，作為幕後的鐵腕人物，操縱着政局，「直到死，她的願望和決心一直都是不向西方屈服，但她的這種願望和決心一直妨礙着大清國的覺醒」。

但是，在她的強硬之外似乎也有另一面，她曾經允許一位美國女畫家凱瑟琳·卡爾（Katharine Augusta Carl）為她畫肖像，在宮中居住了一年多時間後，在凱瑟琳看來，慈禧是「非常面善的女人，容貌看上去要比實際年齡年輕許多，臉上永遠帶着勝利者自得的微笑」。

對於荷蘭阿姆斯特丹《電訊報》（The Telegraph）記者亨利·博雷爾（Henri Borel）而言，1909 年是不那麼平凡的。他想不到自己竟然可以在一個王朝消亡之前目睹「她」的下葬。

這分明是大清國末年最浩大、最豪華的葬禮，徹底終結「老佛爺」時代的儀式。他們燒掉大量用紙做的冥幣、士兵，和慈禧生前最喜歡的玩物。她會被下葬到她生前就為自己準備好的豪華陵寢裏。作為陪葬品的紙紮士兵並非清兵，而是穿着歐洲兵服的西方軍人；那些被燒掉的交通工具也不是馬車，不是轎子，而是一輛線條優美的歐產布魯厄姆（Brougham）轎車。

1902 年，69 歲的慈禧坐在頤和園樂壽堂前一個寬大的御座旁

她最經典的造型來源於清國留法外交官的兒子、御用攝影師裕勳齡的設計。他為這位清國的實際掌權者在照片上方扯了一條橫幅「大清國當今聖母皇太后萬歲萬歲萬萬歲」的字樣，而這也成為了這位「女皇」照片的定式。「聖母」的稱呼在清朝從無人提及，可能源於勳齡對於聖母瑪利亞稱號的借用。顯然，慈禧接受了這個新鮮的「徽號」。為了拍照，慈禧太后曾特傳懿旨，在頤和園的寢宮樂壽堂專門搭建了一個攝影棚。

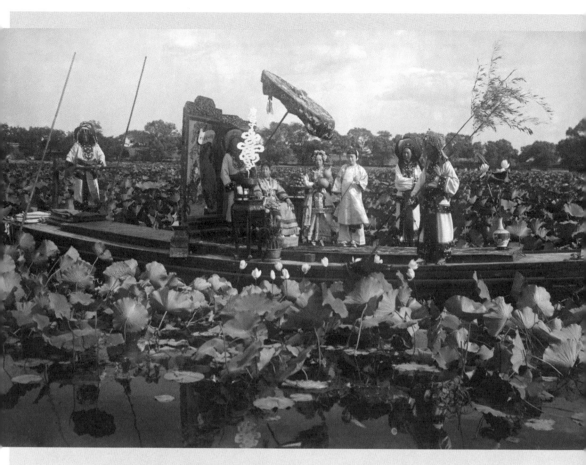

1903 年，北京頤和園

慈禧在七旬大壽前的盛夏，自比為「大慈大悲救苦救難」的菩薩，打扮成觀音模樣拍照。她身穿團花紋清裝或團形壽字紋袍，頭戴毗盧帽，外加五佛冠，左手捧淨水瓶或擱在膝上，右手執念珠一串或柳枝。李蓮英扮善財童子或守護神韋馱站其身右，左邊則有扮成龍女者。在盛開的荷花叢中，背後是彩繪山石竹林的佈景，叢竹上懸一雲頭形牌，牌上楷書「普陀山觀音大士」七字，神似民間流傳的觀音繪畫。這場由慈禧親自導演的觀音像系列圖片，顯示了她對攝影過程非常着迷，甚至親自指導每幅圖像的內容呈現方式。這些照片豐富而深刻地展示了慈禧的個人審美偏好，以及她對宗教、政治和戲劇的興趣。據內務府檔案載：「七月十六日海裏照相，乘平船，不要篷。四格格扮善財，穿蓮花衣，着下屋繃；蓮英扮韋馱，想着帶韋馱盔、行頭；三姑娘、五姑娘扮撐船仙女，帶漁家罩，穿素白蛇衣服，想着帶行頭，紅綠亦可；船上槳要兩個，着花園預備。帶竹葉之竹竿十數根，着三順預備。於初八日要齊。呈覽。」這幅照片事前準備如此精細，可以想見場面之大。

1903 年，頤和園排雲殿門外

慈禧與光緒皇后、德齡、容齡、四格格
等一眾合影。這張照片的特寫細節意外
地透露了她使用一個小鏡子來調整頭飾
的過程。這使嚴肅的宮廷合影顯示了某
種個人趣味。

慈禧在外媒中的形象

從 1900 年義和團襲擊外國居民和中國基督徒以來，中國以及皇室的形象在西方受到惡意的詆毀。這份法國雜誌 *Le Rire* 的封面，長着怪誕面孔的皇太后手持着血腥的匕首，基督徒的斷頭和殘破的屍體在後台出現。這幅漫畫在西方傳播極廣，皇太后的形象像極了一個落後愚昧的可怕巫婆。據稱這份雜誌被外交官提交給皇太后後，惹得她大為惱怒。宮廷裏傳出的信息稱，慈禧皇太后在看到沙皇夫婦贈給她的照片後，決意請清國駐法國大使的兒子為自己拍攝宣傳照片，用於贈送公使以及西方各國首腦。在 1903 年，這種反擊手段顯然有着重要的意義。

慈禧的畫像

慈禧太后這位東方神秘的女性統治者七旬之時的畫像，在她的御用畫師美國人卡爾夫人歷時九個月的筆下，宛若風姿綽約的貴婦。這副皇太后的聖容，在慈禧的默許下第一次公開出現在了 1904 年的聖路易斯國際博覽會上。中國最高幕後統治者儀態萬方的油畫肖像被鑲在木框裏，放在博覽會的正廳美國廳裏展出，畫像前天天人頭攢動，爭睹中國皇太后的「聖容」。世博會結束，慈禧太后的油畫肖像連同一幅大幅面着色的肖像照片，被駐美公使梁誠專程護送到華盛頓。美國政府舉行了隆重的受贈儀式。羅斯福收下禮物後，又將它們轉贈給了國家博物館收藏。「中美兩國關係，遂因慈禧太后的一張臉而變得更加親密。」事實上，1908 年，在慈禧去世後，羅斯福減免了對於清國的賠償，被認為可能是肖像外交某種奇異的巧合。

慈禧與公使夫人們合影

1903年7月14日，慈禧皇太后七旬大慶，她在頤和園樂壽堂與美國公使夫人康格（Sarah Pike Conger，右二）一行合影。皇太后拉着公使夫人的手，這個親密的動作被視作對美友好的一個見證。慈禧太后每年春、夏、秋三季，都住在頤和園聽政，待十月初十日大壽之後方起駕回紫禁城。慈禧晚年經常在頤和園內的樂壽堂、仁壽殿、排雲殿招待外國公使夫人等。據公使夫人回憶，慈禧所用的化妝品多為各國公使贈予之洋貨，如巴黎香水、香粉、法國鍍金鏡等。她在拍照前特地更換一身繡滿壽字和各色大朵牡丹並鑲有金邊的皇家專用袍褂。冠冕上掛滿珠寶，有玉製的鳳、蝴蝶及珠花、金簪。繡袍外的漁網式披肩，由 3,500 顆專供帝后御用的東珠穿織而成。手上戴着幾副珠、金、玉鐲及寶石戒指，腳蹬飾綴着串珠的繡花高足花盆底鞋。年已七旬的慈禧，打扮得雍容華貴，正坐於御座上。

慈禧執鏡照

1904年，慈禧的御用攝影師裕勳齡在頤和園她的寢宮萬壽堂裏，拍攝了穿戴整齊的皇太后「大聖容」。這組圖片大約有十多幅，是她或坐或站或照相時的不同姿態。照片上年屆七旬的慈禧太后的容顏保養得宜，她的右手輕倚在蓋着絲綢的撐椅上，手佩玉環，左手執鏡顧盼，全不似垂暮之歲的老婦。這些歷史照片，高清晰度地記錄了慈禧太后的真實容顏與帝制時代皇太后的盛裝及佩飾。這組略顯端正的聖容圖片，大部份被慈禧送給了來訪的公使或他們的夫人，或者出現在西洋的報刊上。

大清國當今慈禧端佑康頤昭豫莊誠壽恭欽獻崇熙聖母皇太后

慈禧展示她經過裝飾的指甲

「四英寸長的金盒子保護了右手的第三與第四隻指甲。她其他手指上細長的指甲，呈現着被精心養護後的優雅。」她所穿的衣服密綴了許多上等東珠，烏黑的頭髮上則插着金銀鳳簪、玉蝴蝶、珠寶和點翠等各種不同的頭飾，並且佩戴着各式名貴的耳環。手上則戴着幾副玉釧、翠戒、扳指。皇太后攝影師的姐姐後來寫了一本書，記錄了這些圖片的故事。

慈禧太后雪後遊園

1903 年冬天，雪中的松樹下，皇太后與她的宮女和太監們合影。她的手自然地伸向雪後的松樹上。這張照片顯然經過了攝影師勳齡的擺拍。皇太后身後兩個不易被拍到的太監，都找到了合適的角度，雖然一個露着一個不雅的腦袋，但另一個顯然退後了幾步，找到了最佳位置。據《清宮瑣記》載：勳齡給慈禧照相，他在對光的時候要跪着，但跪着又夠不着照相機。李蓮英便給他搬來一把凳子，讓他跪在凳子上照。慈禧説：「就讓他在照相的時候免跪吧。」勳齡是大近視眼，在慈禧面前是不准戴眼鏡的，勳齡不戴眼鏡便無法對光，他只好告訴李蓮英。李蓮英稟明慈禧，特許他戴着眼鏡對光。但顯然，勳齡是清國唯一可以指揮與擺佈皇太后的男人。當然，只有在拍照時，老佛爺才會聽從他的安排。

在頤和園內的大戲樓前

1903年秋，慈禧看完戲，端坐在肩輿準備返回仁壽宮。上前有兩位太監手持香薰開道，後有太監手持華蓋，最前面左右分別站着大太監李蓮英和崔玉貴，小院的上面搭建着涼棚，慈禧表情嚴肅而安閒。大群太監及后妃、宮女們前呼後擁，清廷宮闈中的鑾輿、儀仗和殿前為避暑用所搭的天棚，都極為罕見。慈禧愛看戲、逗小狗，與后妃、太監們合影時，會手撫她備受寵愛的黝黑長絨毛獅子狗。照片上的慈禧，手腕上戴着玉鐲，手指上戴着長長的指甲套。這隻玉鐲，是咸豐皇帝寵幸她時所贈，慈禧一直戴着它，並伴隨她進了東陵的地宮。

維多利亞女王與清國皇太后

1903 年，一幅關於慈禧的官方宣傳圖片的公佈，引起了英國媒體的好奇。雖然沒有證據表明，這張在義和團起義後進行的公關宣傳而拍攝的圖片，直接受到西方照片的影響，但這幅圖片卻被外國媒體拿來與維多利亞女王（Queen Victoria）1844 年拍攝的一張圖片對比，並認為有着非常重要的相似性。皇太后與女王均手持一柄扇子，均正襟而坐，同樣望向右前方。她們的姿態如此相近，更重要的是，她們同是兩個國家事實上的統治者。維多利亞女王比清國皇太后年長 16 歲，在她的統治期間，因為攝影術的發明，她留下了大量的宮廷照片。後世確信，皇太后的攝影師勳齡模仿了西方許多皇帝與宮廷的照片，從而設計了慈禧的形象。

清國皇太后的送葬隊伍

慈禧太后的葬禮在 1908 年 11 月 15 日舉行。英人亨利·博雷爾撰寫的一篇報告中寫道：「打頭的是一隊穿着現代軍裝的長矛輕騎兵，裝束齊整，舉止得體；接下來是由僕役們用手牽着，成一列縱隊的小矮馬；再後面就是一大群身穿猩紅色綢緞衣服，帽子上插着黃色羽毛的僕役，大約有幾百人，他們輪換着抬靈柩。緊接着又是另一隊長矛輕騎兵，在他們的長矛上飄揚着紅色長條旗，後面跟着馬槍騎兵。他們屬皇家禁衛軍，身穿有紅鑲邊的灰色軍衣。後面又有一排排穿着紅衣服的僕役，舉着綠、紅、紫、黃等各種顏色的旌旗和低垂的綢緞條幅。那些舉着鮮艷旌旗的僕役行列沒完沒了，似乎他們把皇宮裏的旌旗全都搬出來給已故太后送葬了。再往後是一個奇異而莊重的場景，三匹排成一列縱隊的白色小矮馬分別拖着三個裝在四輪輕便馬車上的轎子。在我身後有人解釋説，這些是慈禧太后最喜歡的轎子，那些白馬也是她的寵物。後面跟隨的其他白馬身上都有黃色綢緞飾物。這個由小矮馬組成的隊列行進時緩慢而又悲愴，此情此景令人為之動容。」

北京兩名臂戴白孝的大學生

太后與皇帝去世後，清國讓國民們戴孝數月。

帝國最後的政治班底

　　慈禧臨死前，立囑將權柄傳給了愛新覺羅·溥儀——一個 3 歲的孩童。在皇家的登基盛典上，溥儀驚恐地看着一齊跪倒三呼萬歲的大人們。1908 年 12 月 2 日，以溥儀登上清國皇位為界，帝國崩潰進入了倒計時。光緒的皇后隆裕成了皇太后，慈禧當年指定她為皇后，也因為她性格綿軟好操縱，她並不嗜好權力，並不能像她的婆婆一樣，有成為一個強勢領袖的潛力。

　　溥儀的生父、光緒的親弟弟載灃成為攝政王，監理國家大事。也不過幾年光景，這位當年代表大清國出使歐洲的年輕人就成為帝國實際的統治者，時年 25 歲。載灃登上權力之巔的第一件事，是想消除愛新覺羅家族最大的威脅，殺掉羽翼已豐的袁世凱。經營官場人脈多年的袁世凱立即溜回大本營天津，躲進租界，直至張之洞力保他性命，朝廷一道聖旨以他患「足疾」為名把他打發回了河南老家。

　　戎馬半生的袁世凱回到河南老家，定居在彰德府北門外的一個豪華大宅院，自稱「洹上釣叟」，還特地託人給自己照了一張泛舟水上、悠閒釣魚的照片，刊發在上海雜誌上，廣而告之。暗地裏，他在一個不起眼的角落架起了電台，穩坐在中國政局的外圍，靜待時變。

　　他被稱為改革家、野心家、煽動家，但在西方人的眼中，他是大清國最重要的政治家。李鴻章去世後的政治真空都被他填補起來，他找到了這個空檔裏大清國政治舞台第一主演的機會，並且毫不猶豫地抓住了它。作為一位政治家，袁世凱因為立場多變而備受責備。在光緒將信任交給他之後，袁世凱卻倒向了保守派那一邊，成為了慈禧太后的寵臣。可是在西方人眼裏，他卻是一位形象正面的改革家。1908 年 6 月，他首次接受西方記者的訪問時，認為自己的國家能適應西方的觀念和體制。

　　袁世凱一直頗為小心謹慎，他一直牢牢地掌握着自己最大的資本，就是苦心

經營的「北洋六鎮」。在河南賦閒在家的日子裏，他維持着和北洋將官的聯絡。1908 年的北洋六鎮統制分別為何宗蓮、馬龍標、曹錕、吳鳳玲、張懷芝和段祺瑞。

　　等到攝政王載灃無力掌控時局，袁世凱如猛虎下山一般再次回到紫禁城時，清廷只剩下一個孩童和一個寡婦。

醇親王載灃與其子溥儀（右）、溥傑三人合影

這個站着的清秀的 3 歲孩子，即將成為了這個國家的主人，而他也因為這個名字而開啟了自己奇特的一生。1908 年 12 月 2 日，時年尚不足 3 歲的溥儀即位稱帝，年號宣統，由其父醇親王載灃監國攝政。四年後的 2 月 12 日，宣統皇帝被迫宣佈退位，清王朝結束了對中國長達 267 年的統治。

載洵步出柏林阿德龍酒店

攝政王載灃上任後，任用少壯派貴胄掌控軍隊。他委派自己的親弟弟載洵掌管海軍，年僅 24 歲的載洵成為大清國最後一位籌辦海軍的大臣。年輕氣盛的載洵甫一出任，即宣佈了一個雄心勃勃的發展海軍七年規劃，促成清廷派自己和薩鎮冰赴歐洲考察各國海軍發展情況，同時選派 23 名年輕的海軍軍官和海軍學生隨隊前往英國留學，學習製造軍艦和炮械的技術。1909 年 10 月 16 日，載洵一行從上海出發，先到意大利、奧地利，訂造了一些炮艦和一艘特快驅逐艦。11 月，他們到達德國柏林。載洵一行考察了德國的船廠、炮廠及海軍各機構，並且訂造了三艘驅逐艦和兩艘炮艦。載洵此次歐洲之行歷時三個月有餘，從歐洲學到了不少海軍建設的經驗。

年輕攝政王為錢一籌莫展

1908 年 4 月，又一次美亞新年酒會，依然是《紐約時報》的報導。伍廷芳發表的講話已經與若干年前的大相徑庭。他慢條斯理地對着中外紳士們提及：大清國已經和若干年前的自己割裂太多了，變化太多了。這個國家正在甦醒。他是對着所有懷抱商業夢想的西方人和大清國的愛國主義者説的。也是在這次酒會上，人們達成一個共識：大清國永遠是美國的朋友。

伍廷芳身着他的黃色官服，紮着紫色的腰帶，晚餐期間他會主動離開座位（和商會主席坐在一起），四下走走，和老朋友們談談。當他走到新聞發佈區，很偶然地被人要求擺造型給他畫一張鉛筆素描。後來，他一直堅持要求畫畫的藝術家修改個別線條，以使素描上的他更好看。令中外客人難忘的是，這位對素描較真兒的大清國紳士，最後還説道：他對自己的國家充滿感恩，因為偏見消散，正義崛起。

在光緒皇帝、慈禧太后相繼去世後的第二年，中美貿易並沒有過多陰霾。美國駐上海總領事田夏禮（Charles Denby Jr.）發表大清國對美國的貿易年報。單從 1908 年來看，美國從大清國進口茶葉的總價值達到 1,954,891 美元，其中 88% 的進口集中在 7 月 1 日至 12 月 31 日這段時間，即茶商們普遍最忙的第三季度。

《紐約時報》留意到，上海附近的蠶繭業也很發達。生絲以最快的速度被運送到港口，然後出口到其他國家。1908 年上海出口到美國的生絲總額達 5,250,216 美元，下半年就佔去 86%。除了被清政府禁止出口的水稻，其他出口產品還包括棉花、皮毛製品、草編織物等。通暢的對外貿易並沒有使帝國的金庫充盈起來。

大清國有一種層層壓榨式的財政制度，既複雜又精密，是政府機關之間互相制衡的產物。而大清國的税務稽徵系統通常包括以下名目：土地税、貢品、地

方官税、鹽税、釐金、海關税以及其他。所有這些類型的苛捐雜稅加起來會有多少？ 1907 年，大清國中央政府財政收入約為 6,800 萬美元，省級部門約 1.16 億美元，地方行政部門約 2,800 萬美元，一共達 2.12 億美元。

西方媒體很認真地梳理了大清國沉重負荷下的財政，最主要的目的是了解其償付能力。在 1908 年，戶部銀行改為大清銀行，開始了現代化的金融貨幣運作。帝國國家財政的賬面上除了外債，就是新的支出項目。這讓意圖振興皇族統治的年輕攝政王一籌莫展。

孫中山改造「黑社會」鬧革命

孫中山改造「黑社會」的説法由來已久，最有名的莫過於改造洪門鬧革命。這是因為洪門在那個時代力量巨大，其「反滿復漢」的口號也與孫中山早期的思想有接近之處。孫中山還派人在日本組織三合會，革命黨人秋瑾就從屬三合會，是幫會的元老級會員。入會儀式仿照洪門規矩，有刀架脖、喝雞血、跨火盆。孫中山所領導的多次起義均與各地幫會有着千絲萬縷的聯繫，甚至將幫會作為起義主力軍。不過，孫中山的目的並非只是融入其間，而是用革命理論對其武裝和動員，並由革命黨人骨幹居中統率。

以幫會形式聯繫組織武裝起義隱蔽性強，適合在清政府對革命高度警惕的情況下發展會員，但在正規軍隊面前無異於烏合之眾。1907-1908 年，孫中山與黃興在西南邊境連續發動了六次武裝起義，均難逃失敗結局。其中的鎮南關起義，孫中山甚至親自發炮射擊清軍。西南一帶的革命力量損失殆盡，加劇了同盟會的分裂，遂有汪精衛刺殺載灃一事。與此同時，革命黨人徐錫麟、秋瑾在江浙一帶通過幫會形式再謀起義事，但同樣失敗，兩個年輕的革命黨人英勇就義。

時年 42 歲的孫中山

光緒皇帝、慈禧太后相繼去世後，帝國陷入劇烈動盪。孫中山環球旅行，繼續籌措經費，並密商廣州新軍起義諸事。1908 年，孫中山先後發起欽州、廉州起義，雲南河口起義，可惜相繼失敗。

接連的失敗使得革命黨認識到必須改變幫會起義的方式，同盟會的關注力開始轉向新軍，尤其是新軍的下級軍官和士兵，這在武裝起義策略上是重要的轉折。在這樣的策略下，革命黨人先後在 1910 年 2 月組織了廣州新軍起義，在 1911 年 4 月組織了廣州黃花崗起義。尤其黃花崗起義，是同盟會幾乎傾盡了物力、人力、財力所發動的規模最大的一次武裝起義。

　　黃興親赴廣東指揮黃花崗起義，總結了此前歷次起義失敗教訓，又特別精心挑選了一批青年骨幹組成起義先鋒敢死隊，起初為 500 人，後增至 800 人。敢死隊離家之時，紛紛寫下與親人的訣別信，其中，林覺民用清秀的小楷在一方手帕上寫下的《與妻書》，字字啼血，成為絕唱。雖經周密細緻的準備，但南洋籌款的消息走漏，讓清軍嚴加戒備；另外，革命黨內統一指揮不暢，難有一致行動，致使銳力大減。激戰時，總指揮黃興右手被打斷兩指，敢死隊奮勇當先，多少年少俊才在寡不敵眾的對決中倒在了血泊裏。犧牲者中 72 人遺骸被收葬於廣州東郊白元山麓的黃花崗，即「黃花崗七十二烈士」。

　　至此，在武昌起義前夕，孫中山先後領導不下十次武裝反清起義。孫中山一生，不僅勇敢先行，而且矢志不移，屢敗屢戰，愈挫愈奮，僅此一條就可稱傳奇。

林覺民《與妻書》

這封信是清代末年革命烈士林覺民在 1911 年 4 月 24 日晚寫給妻子陳意映的一封絕筆信。林覺民隨後在黃花崗起義中英勇就義，該信現藏廣州近代史博物館。

皇族內閣，年輕貴族要收權

　　洋務自強時，當政者不肯自我更新；維新變法時，又碰上慈禧和光緒爭權；到新政立憲，清廷依舊私利障目。進步思想和行動始終局限於個人和小團體的範圍，改革的藥效難達全身，又屢屢被分散釋解，如何根治痼疾？等到隆裕和溥儀孤兒寡母接手殘局時，局勢已經無可挽回了。

　　攝政王載灃心底當然不願意斷送祖宗江山，當政三年間，在社會經濟層面上繼續推進新政，包括保持開放的對外政策，進行以組建國家銀行為代表的財政改革，大力氣編練新軍為代表的軍事改革，新學教育和衛生醫療等諸多方面均有進步。但是，面對舉國同呼的國會請願，載灃一意孤行，強行鎮壓，所拋出的「皇族內閣」更是挫傷了依然對帝國保留某種心理認同的最為廣大的士紳階層，甚至舊體制內的官僚階層的積極性。

　　1911年5月9日，清政府發佈鐵路國有化上諭，立即遭到地方權勢的抗議，統治集團沒有意識到這樣的利益糾紛最終會成為匯聚各種反清力量的契機，演化為政治事件。清廷始終無視地方權利主張，多次嚴令四川地方官趙爾豐平息轄內抗議潮。當抗議力量逐漸形成保路會，匯入革命黨力量，並廣泛聯合地方實力派，清廷依然採取高壓的態勢。最後的武裝衝突不可避免，帝國統治在西南撕開了口子，這是革命派多次武裝起義都沒有達到的效果。清廷急調武裝力量鎮壓，尤以湖北新軍為多，而這為武昌起義的爆發提供了可能。

　　而後，湖北武昌城發生了一起擦槍走火事件……

1908 年，北京，正陽門

門前的大道上車塵飛揚，高大的城樓掩在黃包車與馬車駛過的煙塵中。

1908 年，被製作成為明信片的香港皇后大道景象

香港在被殖民數十年後，已然建成了東方的小歐洲。

1908 年的香港九龍寨城

圖片中一堆破舊的清國老式克虜伯大炮被胡亂堆放。香港被割讓後，這些
火力強勁的大炮，被英軍收繳並拆毀了。它們不再是武器，而只是一堆廢
棄的銅管。

一張從上海寄往英國的明信片上展示着當地的葬禮

在這張明信片的背面寫着：許多人抬着沉重的棺材，長長的送葬隊伍中，還有送殯人坐的轎子，這表明這是一個重要人物的葬儀。圖片上是正在修建的南京路，它是上海的一條繁華的大街，左下角的告示上用英文寫着「小心蒸汽壓路機」。修路工人們停下來，等待送葬隊伍經過。

杭州七個習武的青年

在攝影師的擺拍下，他們或是爬上陡峭的墓塔，或是
端坐塔下，以展示自己武功的高強與身體的強健。清
國末年，積弱之國民興起聚眾習武之風，強身健體成
為與新思想並肩的新風氣。

1908 年，陝西西安，一位正在寫字的書生

他有着一雙在清國少見的犀利眼神與閒適的姿態。

1908 年，上海高昌廟

亞洲最大的兵工廠江南機器製造總局的大門，掩在一片舊屋之中。
這家由曾國藩、李鴻章經始督辦的清國最大軍工企業，製造了清國
需要的槍炮和輪船。這家新式工廠在 1867 年時，每天平均可以生產
15 支毛瑟槍和各式彈藥。該局在 1868 年生產出了中國第一艘自造的
汽船惠吉號。1891 年時首次煉出鋼鐵。1905 年時，這家公司成立了
江南船塢，成為清國重要的船艦製造機構。

總稅務司赫德因病離職回國

1908 年 4 月 13 日,十幾個西方國家的駐華使節,清廷勳戚權貴、各部臣僚、名流紳士、工廠買辦,齊聚北京車站送別因病卸任的 73 歲大清帝國總稅務司赫德。當總稅務司的職員們回到衙門,看見赫德辦公桌上釘着一張便條,上面留有赫德潦草而傷感的筆跡:「1908 年 4 月 13 日上午 7 時,羅伯特·赫德,走了。」彷彿終場演出結束後一個演員向觀眾最後的謝幕。9 月 14 日,赫德乘「愛渥那」號船離開上海。1863 年,即與戈登(Charles George Gordon)出任洋槍隊「常勝軍」統領的同一年,年僅 28 歲的北愛爾蘭人赫德就被清政府任命為總稅務司,開始了對清國海關長達 48 年之久的統治。在任期間,他創建了稅收、統計、浚港、檢疫等一整套嚴格的海關管理制度,興建了沿海港口的燈塔、氣象站。赫德謹慎穩重,善於變通,深諳官場禮節和中國士大夫的習氣,慣於在滿清大臣中左右逢源。

西安駐防中小學堂畢業合影

1906年，奉陸軍部命令，陝西先後在西安西關武備學堂與北校場
開辦了學制三年、旨在為編練新軍準備各種軍事專業初級技術人才
的陸軍小學堂，與號稱清末全國四所陸軍中學堂之一的第二陸軍中
學堂。該校學制為兩年，分為步、馬、炮、工、輜重五科。課程有
普通文化學科和軍事專業學科，軍事專業學科既學軍事理論，亦在
操場、野外進行各種專業軍事訓練。學員畢業後即分入新軍的步、
馬、炮、工、輜重各隊（連），成為「陸軍入伍生」。這是法國傳
教士梅蔭華在西安時，為這兩所學校畢業的學生所拍攝的合影。

陸軍部尚書蔭昌

1908 年，蔭昌乘轎前往安徽安
慶太湖秋操現場校閱。這次清
國最後一次大規模的秋操，因
光緒帝和慈禧太后駕崩、安慶
起義而草草收兵。

陝西三名新軍軍士

他們穿着顯然非常不合體的日式軍大衣，腳上穿着蒙着塵土的高勒皮
靴。他們與同時代傑出的日本軍人，有着認知上的巨大差距。而日本
與黃土高原在歷史與地理上的遙遠距離，也使這些接受日式軍事訓練
的軍士，並不明白他們所受的教育與自己有何關係。

太湖秋操中的氣球偵察隊

北洋新軍的部隊仿照曾經戰勝他們的日軍，建設了許多對於清國來説全新的兵種。這些兵種包括搭建浮橋的工兵、熱氣球隊等。

會操中的山炮隊在進行射擊

按北洋新軍編制要求，每鎮下轄火炮一個標，每標三營，每營三個隊，裝備野炮或山炮；機槍也隸屬於炮兵，稱為機關炮隊，每隊六挺重機槍。

北洋新軍部隊進行對抗訓練

攻方隊形和戰術動作，在他們德國教官的訓練下，已
較為成熟。太湖秋操儘管只悄然舉辦了三天，但這個
國家的陸軍總部仍在他們最後的秋操現場，派來了他
們的檢閱大臣陸軍部尚書蔭昌、兩江總督端方、安徽
巡撫朱家寶、湖北新軍首領黎元洪。

香港廣九鐵路施工現場

位於香港新界沙田大屋圍南的筆架山隧道修建工程，
此段由英國人負責施工。

1909 年 5 月，承德圍場附近錐子山下的一戶人家

兩位婦女與三位壯漢，正在吃北方傳統的麵條。他們穿着厚厚的
棉服，有的坐在台階上，有的蹲着，有的乾脆盤腿坐在地上。在
距他們僅有數公里遠的美麗草場上，華麗的秋獮之典，已經有將
近 100 年沒有舉行過了。

1909 年，上海郊外的村莊

兩個小男孩，用人力推着一座古老的石磨。石磨是一種古
老的磨麵工具，人們用兩塊石頭，互相摩擦，就能使小麥
顆粒變成麵粉。

成都孤窮兒童教養所

這座教養所收養了大量流浪的孤窮兒童，它由總督府
與教會共同出資興辦。1909 年冬，保育員與收養的孤
兒在院子裏曬太陽。

陝西漢中一位拿典籍的兒童

清國對於兒童的蒙學教育往往始於孩子較小時，他們需要在不
理解這個國家聖賢典籍的時候，就要把它們全部的文字背誦下
來，並說出自己的道理。

聚餐的清國男人在喝酒猜拳

這種新奇的酒令被西方人戲稱為「手指飲酒的遊戲」。這種擺拍的照片，意在還原清國的風俗和人情。

日本明信片中的天津東馬路

天津東馬路的繁華街景。可以看到，在租借區內，車輛是靠左行駛。

天津公共道路平整

天津街道上一輛頂着篷布的
壓路機正在進行着公共道路
的修繕工作。

上海法租界的繁華交通

拉人的黃包車和拉貨的獨輪車聚在一處，幾乎造成了
交通擁堵，畫面下方還有一頂轎子悠然而過。

一位士兵站在城隍廟門口

上海城隍廟廟門上隱約寫着「做箇（個）好人心正身
安魂夢穩」的字樣。廟前幾乎是這個國家所有寺廟前
的標配：討飯者、算命者、售賣各種紀念品的小店以
及懷着虔誠之心、迷惘地尋求保佑的善男信女。這樣
的場景甚至到 21 世紀還能看見。

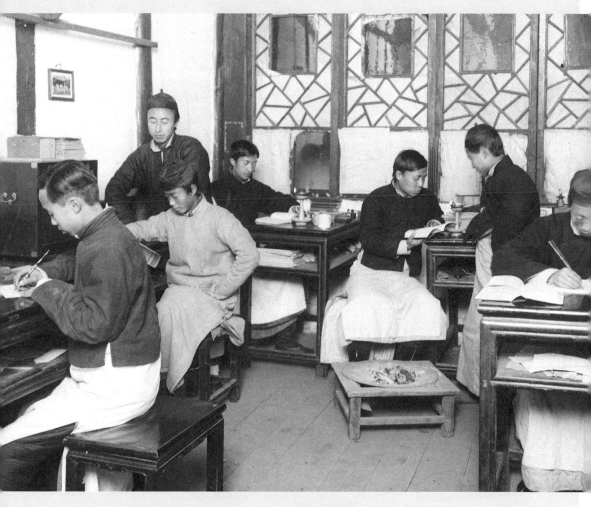

四川高等學堂（四川大學）

學生在讀書、寫作或探討問題，他們桌上都放着一盞
油燈。顯然這座即將最早宣佈獨立的省份的學生，已
剪去了他們頭上的長辮。

上海新閘路附近的廣東公墓

這些公墓由一座座小小的帶有屋頂的「小房子」組成。據稱這裏埋葬着來上海打拼的廣東人，他們建這些小屋子作為自己墓室的原因是希望有朝一日能再回故土。照片上的墓園外，是高聳的煙囪，以及正在慢慢現代化的上海。

成都青羊宮前的小攤販

傳說老子曾於此講道，因之被稱「川西第一道觀」。

1909 年長沙繁華的太平街

路面由大小不一的麻石鋪成,街上的「錦新昌綢莊」有高大的磚牆和石庫門,並搭有遮陽的涼棚,是長沙城中重要的綢店。街中可見挑籮筐、拉人力車的人,路旁已豎起標誌着現代化的路燈杆。

外國警察和中國小偷

1909年，上海市法租界的警察哈羅德·愛德華茲·佩克（Harold Edwards Peck）與他抓獲的兩名中國小偷，他們被手銬銬在一起。右邊的男人身上貼着一個叫做「S423：周毛毛」的銘牌。

北京道路上行駛的奔馳汽車

三位德國人坐在一輛新式奔馳汽車上，他們身邊是一座古老宮殿的圍牆。遠處的槐樹下，一位賣水果蔬菜的小販好奇地望向汽車。

廢墟上的野餐

大約在 1909 年夏天的時候，法國和俄羅斯外交官與
他們的孩子們，在圓明園海晏堂蓄水樓前的廢墟上野
餐。海晏堂最著名的景色，是一個大蛤殼噴泉，其中
有 12 個生肖獸首的雕像，現在只剩一列危牆與可供憑
弔的廢墟。歐洲人摧毀了它，再把它作為娛樂場所。
照片中的中國僕人似乎並不喜歡這個場合。照片由帛
黎（Alexandre Théophile Piry）所攝。

京張鐵路上的懷來河大鐵橋

這座鐵橋是工程師詹天佑用七座各長約 30 米的鋼樑架成的。他指示先用騾車將鋼樑分運至工地鉚接，同時建造橋墩，從 1907 年冬開工，到 1908 年 5 月就建成了，此時鐵路鋪軌尚未到達此地。懷來河大鐵橋是京張鐵路中最長的橋樑。這張圖片上展示的是測試的機車從鐵路橋上通過的場景。

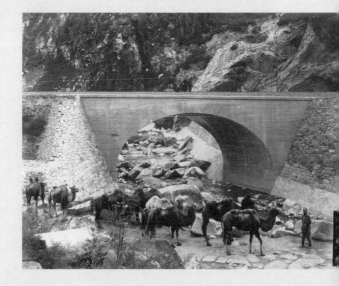

駝隊通過居庸關 30 號橋

這條古道與行走了上百年的駝隊，很快就被橋上的火車取代了。

京張鐵路修成通車

照片反映的是工程技術人員和鐵路工人在驗道專車前的合影，前排右起第三人是負責京張鐵路路線施工的總工程師詹天佑。1909 年 10 月 2 日，京張鐵路在南口車站舉辦通車儀式，中外來客乘坐的專車，8 時半從西直門開車，9 時 45 分抵達南口車站。

粵漢鐵路在張之洞的強推下，在廣州開始動工

張之洞向德、英、法三國銀行團借款 550 萬英鎊，作為修通漢口至廣州鐵路的資金。他在萬眾的反對聲中簽下合約之後與世長辭，他的後繼者工程師詹天佑出任商辦粵漢鐵路總理兼總工程師。這條鐵路直到 1936 年 9 月才開通。

1909 年，上海英國租界內的領事館

幾名英國士兵和一名印度士兵荷槍站在門口。在領事
館的院內，有一架機槍被放置在門口的位置。領事館
在這一年據稱受到了不明炸彈的威脅。

禁衛軍兵士的禮服照

他的頭髮被剪去了三分之一，左手執一柄長劍，腰間懸
劍鞘，身着六扣團鷹領章制服。這種德式服裝在很長一
段時間裏成為清國陸軍新軍的制式服裝。清國的練兵處
在新軍成立後，擬訂了包括禮服、常服、肩章、帽徽、
領章等新軍軍服，並將清國傳統軍服號衣正式撤銷。莫
理循曾記錄了 1905 年 12 月剛換裝的情景。新軍要求剪
去辮子，並着歐式制服，兵士們並不接受，軍官帶頭方
才肯剪。受此風影響，警察也在此後將辮子剪去了三分
之一。

1909 年，杭州錢塘江上的帆船

陳舊的布帆上佈滿破洞，陽光與風從中透過。

1909 年夏，通往廬山山路上的一架滑竿

他們停在高山上，身後是波光閃耀的鄱陽湖。

1909 年，天津一條繁華的街道

它像清國所有的重要城市的中心街道一樣，都有着一
個牌樓，上面寫着「德配天地」四個有中國意味的
字。這個靠近首都的城市，據稱明代燕王朱棣在此地
渡河奪了天下，故定名為天津，意為天子渡河的地
方。現在，這個城市裏住滿了八個國家的軍隊與他們
的民眾，並把它們建成了他們自己國家的模樣。

天津維多利亞公園的火警鐘

這座重 13,000 斤的大鐘，由德國克虜伯兵工廠鑄造，
並贈送給李鴻章。李讓天津機器局的七名技師在大鐘
上鑴刻《金剛經》全文，並將此鐘安置於海光寺中。
1900 年，日軍佔領海光寺後將此鐘送給天津英租界工
部局作為消防警鐘安置於維多利亞公園。這座鐘的奇
妙旅程再次開始於 1919 年，天津英租界將大鐘遷走，
在原址建起了一座高約五米的歐戰勝利紀念碑。兩年
後，又將該鐘送回海光寺內保存，並立一銅牌用中、
英兩國文字敍明該鐘的歷史原委。1923 年，該大鐘成
為南開大學的校鐘，置於思源堂西南鐘亭，每逢畢業
典禮便鳴鐘紀念。1937 年 7 月 30 日，海光寺大鐘遭日
軍劫掠，自此消失於人間，下落不明。

1909 年的北京照相館

一位駐華使館的外國女子舉着一把傘，站在一個搭建
起來的中式小樓前，拍下了這張「影樓照」。外媒稱，
西洋居華人士多把拍攝以清國場景或物品為背景的照
片作為時尚。

1909 年美國一家華人商店

這家專售清國華人用品的日雜商店坐落在俄勒岡州波特蘭市（Portland）。

1909 年，香港的山頂纜車

這個山頂纜車是亞洲第一條纜索鐵路，終點是太平山爐峰峽，於 1888 年 5 月 30 日起通行。它的車廂座位分為三種：頭等車廂僅英國殖民地官員和太平山居民（均為白人）可以使用；二等供英國軍人及香港警務人員乘坐；三等則留給其他人與動物。1908 年，車廂首排還將兩個座位預留給香港總督及夫人專用，並掛上「此座位留座予總督閣下」（Reserved for the Governor of Hong Kong）的銅牌。

1909 年，新軍操練

駐紮在東北新民的陸軍第一混成協部隊正在一架木製
的斜梯上進行倒立式的器械體操訓練。袁氏的新軍在
編制和訓練上，基本上以德國和日本式軍事訓練為藍
本，初期教官多為嚴謹威嚴的德國人。他們都拿着高
餉，很快將這支清國的民團訓練成為現代化的軍隊。
英國記者丁格爾（Edwin J. Dingle）的報導稱：「北方
新軍是由一些受過嚴格訓練且有着強烈軍人意志的士
兵組成。」

俄軍將領與滿族少年的合影

右前方少年左手持一柄造型奇特的兵器，右手插入胸前
口袋中，英姿雄發。在這個滿族的龍興之地，俄國人在
歷經日俄戰爭的失敗以後，重新進入東北。而這些持刀
站立的所謂清國民勇，在數年前也曾與日軍交好。

一隊「中英」炮兵營

英軍的教官們與清國的炮兵們在訓練間隙休息。在清
國晚期的新軍訓練風潮中，大量引入各國先進的武器
裝備，這個隸屬江浙總督所轄的火炮營，在引入新式
克虜伯山炮後，同時也高薪聘入了大量僱傭軍作為清
軍的教官。這種華洋混雜的軍隊，在清國晚期，大量
存在於各地新軍之中。

出生於福州的清國第一巨人詹世才

這位巨人據稱有 2.44 米，圖為他在香港與一位年輕人的合影，
以顯示他的高大。他曾在各國受過良好的教育，會十數種語言，
是位「聰明的巨人」。後來他去了歐洲以及美國進行舞台表演，
並在英國結婚，夫人是一位英國人。

萬舸齊發的黃浦江

1906 年，上海一位英國攝影師從太古集團的一艘商船上拍攝到繁忙
的黃浦江。清廷自詡為天朝上國，多年來閉關自守，直至失利於鴉
片戰爭，五口通商，中國自給自足的經濟形態受到世界市場震波的
影響。自此，西方對華貿易的焦點從南部沿海轉移至長江江口的上
海。太古集團起初只是利物浦一家小型的進出口貿易公司，其創始
人約翰‧施懷雅（John Swire）敏銳的商業嗅覺聞到了遠東地區的發
展前途。抵達上海後，他驚覺在長江流域汽船的發展潛力，成立了

太古輪船公司，並購置三艘新船。20世紀初，太古集團走向輝煌，
在川流不息的上海外灘，飄揚着太古船旗的船隻隨處可見，蔚為壯
觀。據說，「太古」這個中文名字也是施懷雅取的。每到年節，中
國人家喜歡在門上貼「大吉」二字，施懷雅看到後，認為這兩個字
肯定是中國人都喜歡的，於是決定將它作為公司的中文名字。沒想
到，因為筆誤，「大吉」變成了「太古」，倒暗合了「規模龐大、
歷史悠久」之意。太古公司在中國紮根近百年，曾經太古與怡和、
和記、會德豐並稱為「香港四大洋行」，現代中國很多城市的「太
古里」也是它的資產。

參考報刊書目

本書在寫作時，參考並使用了以下報刊文史資料：

- 《每日郵報》（*Daily Mail*）
- 《每日電訊報》（*The Daily Telegraph*）
- 《洛杉磯時報》（*The Los Angeles Times*）
- 時事新報館編：《中國革命記，1911—1912》（*China's Revolution, 1911-1912: A Historical and Political Record of the Civil War*）
- 《紐約時報》（*The New York Times*）
- 《國家地理》雜誌（*National Geographic*）
- 張功臣編選：《歷史現場：西方記者眼中的現代中國》
- 郭廷以：《近代中國史綱》
- 《華盛頓郵報》（*Washington Post*）
- 費正清、劉廣京編：《劍橋中國晚清史 1800—1911 年（上、下卷）》（*The Cambridge History of China Vol.10: Late Ching, 1800-1911*）
- 黃仁宇：《中國大歷史》
- 雷頤：《走向革命──細說晚清七十年》
- 蕭功秦：《危機中的變革：清末現代化進程中的激進與保守》

本書部份圖片資料來源

- H. C. 懷特公司（H. C. White Company）
- 大不列顛及愛爾蘭皇家亞洲學會（Royal Asiatic Society of Great Britain and Ireland）
- 小川一真
- 中國國民黨黨史館
- 中國國家圖書館
- 中國第二歷史檔案館
- 方蘇雅（Auguste François）
- 怡和集團（Jardine Matheson Group）
- 法國羅歇 - 維奧萊圖片社（Roger-Viollet）

- 美國中央通訊社（The Central News Agency）
- 美國坎布里奇哈佛燕京圖書館（Havard-Yenching Library, Cambridge, USA）
- 美國杜克大學圖書館（Duke University Libraries, USA）
- 美國國家檔案館（National Archives）
- 美國華盛頓史密斯森尼博物院，弗瑞爾博物館和賽克勒博物館（Freer Gallery of Art and Arthur M. Sackler Gallery Archives, Smithsonian Institution, Washington, USA）
- 美國華盛頓史密斯森尼博物院貝林中心，國立美國歷史博物館檔案中心（Archive Center, National Museum of American History, Behring Center, Smithsonian Institution, Washington, USA）
- 美國華盛頓國會圖書館（Library of Congress, Washington, USA）
- 英國倫敦大英圖書館（British Library, London, UK）
- 英國倫敦維多利亞與阿爾伯特博物館（The Victoria and Albert Museum, London, UK）
- 英國倫敦維爾康姆圖書館（Wellcome Library, London, UK）
- 蓋蒂圖片（Getty Images）
- 德國威廉港市檔案館（City Archive in Wilhelmshaven, Germany）
- 德國聯邦檔案館（Bundesarchiv）
- 樋口宰藏
- 澳洲國家檔案館（National Archives of Australia）
- 澳洲悉尼新南威爾士州立圖書館（The State Library of New South Wales, Sydney, Australia）

本書中部份圖片因年代久遠以及版權人變更關係，無法聯繫到版權方，請版權方與本書編者聯繫，以支付稿酬為謝。

圖片策劃：大偉、蔡岩、王瑩

www.cosmosbooks.com.hk

書　　名：變局——20 世紀中國影像史（1900-1909）

編　　著：師永剛　東亞　何謙

責任編輯：張宇程

美術編輯：郭志民

出　　版：天地圖書有限公司

　　　　　香港黃竹坑道 46 號

　　　　　新興工業大廈 11 樓（總寫字樓）

　　　　　電話：2528 3671　傳真：2865 2609

　　　　　香港灣仔莊士敦道 30 號地庫（門市部）

　　　　　電話：2865 0708　傳真：2861 1541

印　　刷：美雅印刷製本有限公司

　　　　　九龍觀塘榮業街 6 號海濱工業大廈 4 字樓 A 座

　　　　　電話：2342 0109　傳真：2790 3614

發　　行：聯合新零售（香港）有限公司

　　　　　香港新界荃灣德士古道 220-248 號荃灣工業中心 16 樓

　　　　　電話：2150 2100　傳真：2407 3062

出版日期：2023 年 5 月 / 初版

本書原由生活・讀書・新知三聯書店有限公司以書名《圖説 20 世紀中國 1900-1909：變局》出版，經由原出版者授權本公司在港澳台地區出版發行本書。